书山有路勤为径，优质资源伴你行

注册世纪波学院会员，享精品图书增值服务

SMART LEADERS, SMARTER TEAMS

聪明领导，高效团队

如何提升团队有效性，取得更好结果

[美] 罗杰·施瓦茨（Roger Schwarz） 著

关苏哲 刘滨 译

How You and Your Team

Get Unstuck to Get Results

电子工业出版社

Publishing House of Electronics Industry

北京·BEIJING

Smart Leaders, Smarter Teams: How You and Your Team Get Unstuck to Get Results by
Roger Schwarz

ISBN: 978-0-7879-8873-9

Copyright © 2013 by Roger Schwarz. All rights reserved.

This translation published under license with the original publisher John Wiley & Sons, Inc.

Simplified Chinese translation edition copyright © 2019 by Publishing House of Electronics
Industry.

Copies of this book sold without a Wiley sticker on the cover are unauthorized and illegal.

本书简体中文字版经由John Wiley & Sons, Inc. 授权电子工业出版社独家出版发
行。未经书面许可，不得以任何方式抄袭、复制或节录本书中的任何内容。

版权贸易合同登记号 图字：01-2019-3419

图书在版编目（CIP）数据

聪明领导，高效团队：如何提升团队有效性，取得更好结果 /（美）罗杰·施瓦茨
（Roger Schwarz）著；关苏哲，刘滨译. —北京：电子工业出版社，2020.1
书名原文：Smart Leaders, Smarter Teams: How You and Your Team Get Unstuck to
Get Results

ISBN 978-7-121-37962-8

Ⅰ. ①聪… Ⅱ. ①罗… ②关… ③刘… Ⅲ. ①领导学—研究 Ⅳ. ①C933

中国版本图书馆CIP数据核字(2019)第262446号

责任编辑：吴亚芬
文字编辑：袁桂春
印　　刷：涿州市般润文化传播有限公司
装　　订：涿州市般润文化传播有限公司
出版发行：电子工业出版社
　　　　　北京市海淀区万寿路173信箱　　邮编：100036
开　　本：720×1000　　1/16　　印张：17.25　　字数：216千字
版　　次：2020年1月第1版
印　　次：2024年10月第15次印刷
定　　价：78.00元

凡所购买电子工业出版社图书有缺损问题，请向购买书店调换。若书店售缺，请与本
社发行部联系，联系及邮购电话：（010）88254888，88258888。

质量投诉请发邮件至zlts@phei.com.cn，盗版侵权举报请发邮件至dbqq@phei.com.cn。

本书咨询联系方式：（010）88254199，sjb@phei.com.cn。

本书赞誉

试想一下：一群聪明能干、勤奋努力、有野心、有梦想，但同时又个性迥异、价值观多样的人，要做到上下同欲、使命驱动、志同道合，然后成为一支真正的团队的概率有多高？很多一把手可能幻想过这种境界，但很多人最后放弃了！他们慨叹人性的复杂、现实的骨感，慢慢放低了对领导团队的标准和要求。他们心想，只要我的领导班子成员不过分勾心斗角、互相插刀，只要他们不过度自私自利、各怀鬼胎，即使有时同床异梦、各行其是，也还是能够保持表面和谐、拉着大车慢慢往前走的。

一家企业的平庸，首先是从领导团队的平庸开始的！慢慢地，这个领导团队非但没有在发展中解决问题，团队的信任和有效性也越来越差，企业也变得越来越平庸。这难道是领导团队的宿命吗？需要怎样才能建设一支高绩效的、真正的团队呢？

这本书最突出的特点是作者既有理论，又有实践；既讲工具和方法，又强调干预过程。而这些恰恰是领导团队有效性建设的成功关键！卓越的领导团队是需要打造的；打造卓越的领导团队是有规律可循、有方法论的。而这本书恰恰阐述了这样的规律，提供了重要的方法论，很值得一读！

——陈玮

北大汇丰商学院管理实践教授、创新创业中心主任，
曾任滴滴出行高级副总裁、万科集团执行副总裁兼首席人力资源官

在中国工作的20年间，我在著名的跨国公司和民企中亲身体验了交互式和单边控制式领导风格的差异，后者几乎是大部分中国企业领导者的"默认值"，他们创造了很多成功的企业和商业模式。随着互联网和数字技术的兴起，企业运作的外部环境与内部环境复杂度指数般上升，"团队"这个词被投资人、创业者提升到不可忽视的高度，更多的成熟企业在寻求新的成长时，老板和团队也要同步升级。美国的管理和心理学者从20世纪70年代就开始研究团队的内核，这本书凝聚了他们的洞察与发现，来的正是时候。对于初创企业和成熟企业的领导者来说，这本书值得一读。

——戴青

教练，企业战略与组织人才发展顾问，晨光文具前资深副总裁，
曾担任淘宝网行政副总裁、欧莱雅HRVP、联合利华和埃森哲HRVP

领导是一门展现影响力的艺术，许多人在获得权力的同时，忘了它是一个人与人交互影响的历程，因此事倍功半。作者提出的交互学习模式，清楚地展现了高效领导所应该具备的心智模式与行为，能让管理者和团队员工在相互理解与充满激励的氛围下取得更好结果，这是一本非常值得阅读与学习的书。

——陈威如

《平台战略》作者，阿里巴巴产业互联网研究中心主任

译者序 ⫴
团队走出困境，从改变心智开始

罗杰·施瓦茨在引导领导者和高管团队提升团队有效性领域成果斐然，他的研究成果受到了几个世界级大师的直接影响，包括组织学习的发明者、理论和实践结合领域泰斗克里斯·阿基里斯，团队领导力领域权威理查德·哈克曼，企业文化理论之父埃德加·沙因，系统思维和领导力结合学者彼得·圣吉。

我的中欧校友、搭档刘滨，之前翻译了罗杰·施瓦茨的《专业引导技巧》，此书为引导领域里程碑之作，为引导师、咨询师等专业人士提供有效的模型、真实案例和大量工具。而罗杰的这本书则更适合企业家和高管团队阅读，此书在海外获得行业专业人士高度评价，由此，我们很高兴把此书翻译成中文，让中国企业家和高管团队同样能受益。

企业成功首先来源于领导者的个人心智成长，领导者心智进化会加速高管团队同频成长，最终带来组织绩效。克里斯·阿基里斯曾说："如果我们希望团队和团队领导有效行事，他们必须超越工具和技巧并改变他们的思考方式。"换句话说，即使领导者和团队学富五车，但如果不改变认知思维，也依然会原地踏步。这个思考方式，就是心智模式。

这些年，作为总裁教练，我发现领导者和高管团队一些共性的困境：

◆ 部分领导者事必躬亲，直接给团队答案，结果自己身心疲惫。

◆ 有些领导者在企业里的角色更像个家长，指令性的管理风格让团队感觉压抑。

◆ 越是外部招聘来的高管精英团队，反而彼此之间越难合作。

◆ 团队成员对于上级的观点和做法并不认同，但他们秘而不宣。

◆ 团队成为最高领导者的橡皮图章，只向领导者担责，他们之间却不愿意相互担责。

◆ 会议上，团队成员或各持己见，或沉默不语，很难共创和达成共识。

◆ 跨部门之间聚焦立场而不是利益，缺乏信任和协作。

为何团队会陷入困境？又是哪些原因造成团队难以走出困境？

领导者尝试用不少方法去解决，如引入领导力领域的培训，但常规的课堂培训往往效果一般，因为知道不代表能做到，学习不等于成长。和其他研究领导力行为的专家不同，罗杰·施瓦茨是阿基里斯的弟子，作为公认的团队领导力与提升团队有效性的思想领袖，他关注的是行为背后的领导者心智模式。在过往三十多年里，他帮助很多高管团队走出困境并取得实际进展，所以对实践具有很强的指导作用。罗杰帮助团队领导者改变他们思考与工作方式，他用多年的探索实践证明，只关注团队行为改变的变革，往往事倍功半甚至徒劳，领导者只有改变他们的心智模式，才能获得卓越的团队绩效，建立高效的工作关系，激发团队内驱力和获得更高的幸福感。

领导者该做些什么从而可以让团队有更好成果？教练行业对于绩效有个公式，绩效=潜能－干扰。如果团队潜能被压抑，内心干扰多，则造成企业困境，反之，企业将获得高绩效。

　　罗杰认为，一些企业陷入困境的根本原因有两方面：一方面，这些企业的领导者来用"单边控制模式"行事，自己不愿改变，同时又希望他人行为改变；另一方面，高管团队认为只要听从领导者就可以，无须彼此担责，同时，对领导的不当行为秘而不宣。

　　这种模式占上风的企业，团队成员认为自己才是正确的，持不同观点的人是错误的，其行为表现出来就是不征求他人想法就武断表达自己观点，或者向其他人隐瞒相关信息，不愿分享自己行为背后的理由、动机，这种模式降低了团队决策质量，造成紧张的团队关系，执行结果差，最终削弱团队有效性，导致企业陷入困境。

　　什么是获得良好绩效的心智模式？罗杰分享了他的洞见，答案是"交互学习模式"。交互学习模式是罗杰在阿基里斯的心智模式研究模型基础上改编而成的，它是一种让你更有效地和他人沟通的思维模式。这种模式能让你采用一套新的价值观、信念和假设来避免单边控制模式的负面影响，新的信念和价值观主要包括：保持透明、心怀好奇、担责、同理心和知情的选择。真正的智慧，是大家能坐下来真诚地讨论彼此的不同，"你"的想法和"我"的想法可以衍生出一个更好的"我们"的想法。交互学习模式促进领导者和团队成员建立和谐的人际关系，提升彼此信任度，加强良好协作，提高决策质量，强化团队彼此担责和行动力，更有效地解决问题，最终取得理想绩效。

　　这几年，我经常带着企业家和高管们做的一个练习，是我在美国伟事达总部学习的"冰山图"练习。在练习开始，我让每位与会者拿出一张白纸，左边写下他们认为企业目前最严重的问题，与会者往往立即轻松地写出好几个，然后每个人轮流念出，大家听到的是"自以为是"，听起来基本都是他人的问题，而非自己的问题。接下来，我

用两个提问，请与会者重新在纸的右边写下自己的思考，这两个提问是："请各自反思，问题的产生和你没有一点儿关系吗？""这个问题到现在还没有解决，你觉得你应该承担什么责任？"这两个提问激发与会者一段时间的思考，等再次念出来分享时候，大家听到的是"自以为非"，每个人都开始检讨自己哪里没有做好。

当各自聊白纸左边的内容时，不少团队成员会习惯性地采用单边控制模式，心态是"自己是对的，别人是错的"，而经过引导后，他们审视右边的内容时，团队成员就开始尝试用交互学习模式彼此沟通。而一旦他们采用这种模式，现场气氛立即发生改变，很多高管虽然工作多年，但能带着反思且怀着透明、同理心、好奇心坦诚地和其他同事沟通，对他们而言，这种沟通心态几乎是工作中的第一次。作为教练，我见证了交互沟通模式的神奇魅力，我们曾定期去某个行业标杆企业开高管圆桌会，在第三次圆桌会后，高管间相互协作和信任度就有明显改善，当高管遇到工作挑战时，就开始共创解决方案和共同承担责任，而非等着最高领导者决策和推动。

目前一些企业一把手容易相信市场上打着"盈利、创新"旗号的课程，这些课程听起来可以轻松快速地解决企业任何问题。其实，即使领导者和高管团队到处学习，只要他们的心智模式是等着其他人做出改变，而非首先从自己开始改变，那所学就无法落地，问题将依然存在。如果你希望走出困境，改变结果，你需要改变的是决定你行为方式的心智模式。然而改变心智模式非一日之功，要比改变行为方式更难，罗杰的真知灼见是"改变心智模式不是参加几天领导力工作坊就能催化出来的，如果你希望自己和团队有明显改变，就意味着你与团队一起，要在未来比较长的时间里共同努力和刻意练习，只有这样，团队的心智模式才能焕然一新"。

教练领域先行者约翰·惠特默（John Whitmore）认为，在工作中，团队成员平均发挥的潜能只有40%。提升团队有效性不能只关注具体行为，期待领导者和高管团队从自身开始，以后行有不得，反求诸己，改变心智模式，在企业内多实践交互学习模式，相信每个企业都有机会获得更好的成果。

最后，感谢在本书的翻译及校译过程中倾注了很多心血的刘滨校友，感谢电子工业出版社吴亚芬女士和我们多次协助沟通，感谢好友陈威如教授、陈玮教授、戴青女士等百忙中为本书撰写推荐语，感谢过去那些践行团队心智模式重塑的客户们如特变电工、创美药业，感谢我的私董小组企业家们，他们用实践改变和成长见证让我们有动力翻译此书，感谢太太Eda和可爱女儿Isla的理解支持，让我有时间翻译此书，感谢在心智成长上对我提供过帮助的导师和朋友们，如伟事达中国的徐向华、我的启蒙教练硅谷教练协会主席Lance Descourouez、NLP大师Robert Dilts、爱分享公益教练社创始人高平。

翻译是一门信达雅的艺术，不当之处，敬请读者指正。

关苏哲

中欧国际商学院MBA，伟事达总裁教练，商业顾问，新关点创始人

2019年12月

致中国读者

我为何撰写本书

罗杰·施瓦茨

如果你正在阅读本书，你可能会感到好奇，为何本书被纳入领导力与团队协作范畴，这就是我撰写此文的原因。我将向你介绍本书成书的经过，以及在领导力、团队、组织学习领域的各位大师的研究成果对我的影响。

《专业引导技巧》

我的咨询生涯开始于20世纪80年代，那个时候，我主要帮助员工代表与管理层更为有效地协商劳资协议，在其中，我担任的角色是我之后称为的引导型咨询顾问，也就是把引导技巧与我在团队这一话题上的专长结合起来。在这一项目乃至随后的咨询项目中，我开始吸收其他大师的研究成果并在打造高效团队这一话题上自成一派。

1994年我撰书介绍这一方式，《专业引导技巧》（第1版）由此而诞生。那时，我在位于教堂山的北卡罗来纳大学执教，我和同事迪克·马洪（Dick Mahon）一起，每年需共同教授150小时的引导课程，但我无法找到一本可体现我的引导思想和引导方式的书籍。当时，引导书籍不多，主要分为两类。一类主要讨论引导工具和引导技巧。这类书籍并没有解释这些工具或技巧背后的概念框架或哲学观，也没有探讨这些工具或技巧奏效的原因。鉴于这些书籍多与理论无关，其中所推荐的工具或技巧时常出现自相矛盾的情况。如果引导师想在实践中尝试这些工具或技巧，他们会给自己或服务的团队带来麻烦。另一类书籍则非常理论化，有关运用的例子付之阙如，读者只好依靠自己来领悟其中的奥妙。

我希望撰写一本可将理论与实践结合在一起的书籍。所谓理论与实践相结合，指的是这些工具和技巧不仅基于坚实的理论和研究成果，而且引导师可以理解这些工具和技巧背后的理论。实施引导时，引导师可用浅显易懂的语言向客户解释这么做的缘由。作为密歇根大学组织心理学博士和哈佛大学教育学硕士，我记得指导我的教授经常引用社会心理学先驱库尔特·勒温（Kurt Lewin）的一句名言："没有什么比好的理论更能指导实践了。"库尔特·勒温的名言成为我著书立说的指导原则。

《专业引导技巧》成为引导领域的标准参考书，该书第3版的英文版在2016年出版。我的客户及读者告诉我，这本书对他们很有帮助，因为这本书将理论与实践结合在一起。

| 《专业引导技巧实践指导》与《聪明领导，高效团队：如何提升团队有效性，取得更好结果》[①]

进入20世纪90年代后，我们发现许多客户不是引导师或咨询顾

---

① 以下简称《聪明领导，高效团队》。

问，而是团队领导。无论是担任团队领导或作为团队成员，他们都希望学习运用专业引导技巧。也就是说，我们需要出面帮助高管团队学习使用交互学习模式，以便提升他们所在团队的有效性。

由此促成了第二本书的出版。作为2002年出版的《专业引导技巧》（第2版）的后续之作，我的同事和我决定撰写《专业引导技巧实践指导》并在2005年出版了该书。当我们的客户或读者参加了专业引导技巧工作坊之后，他们希望进一步了解如何提升他们的引导技巧，他们经常给出相同的提问："参加工作坊或阅读《专业引导技巧》之后，我该如何进一步精进我的引导技巧呢？我如何把这一方式与其他工具或技巧结合在一起呢？作为团队领导，我该如何运用这一方式呢？面对不熟悉这些方式的同事，我该如何运用这一方式呢？"《专业引导技巧实践指导》回答了这些提问并就更多提问给出了解释，其中包括作为团队领导或团队成员如何运用交互学习模式。

《聪明领导，高效团队》的英文版于2013年问世。在这本书中，我回答了这样的提问："作为团队领导或团队成员，我该如何运用专业引导技巧（我现在称为交互学习模式）来提升团队有效性呢？"因为《专业引导技巧》和《聪明领导，高效团队》采用了相同的心智模式——交互学习模式，所以团队领导和团队成员可以如引导师或咨询顾问那样使用相同的方式。

| 《聪明领导，高效团队》的理论来源

与心理学或社会学有所不同，引导、团队协作或领导力并不属于某一特定学科，而属于吸收了众多学科所长的专业化实践领域，包括

心理学（社会心理学、临床心理学、认知心理学及组织心理学）、社会学、社会人类学及认知神经科学等细分领域。另外，引导还借鉴了沟通、组织行为学、系统思考、冲突管理、计划、谈判等领域中的可借鉴之处。每位引导师或有意或无意从不同领域吸收养分来丰富本人的实践。我们每个人的成长经历也给我们提供了启示。下面是我本人的故事。

当我还是幼童时，我就对团队和领导力这些话题产生了兴趣。14岁时，我以志愿者的身份担任日间夏令营辅导员的助手并从中学到了有关引导的第一课。日间夏令营由非营利组织负责运营，夏令营的主管马克·鲁宾（Mark Rubin）不断告诫我们："人们会支持自己参与其中的决策。"他向我展示我该如何把夏令营成员融入与他们有关的团队决策过程之中，这样大家可以做出更好的决策并对此做出承诺。这一做法也给夏令营成员带来更多乐趣。

▎丹尼尔·卡茨和罗伯特·卡恩

我的职业生涯包括我的著作受到几位大师的直接影响。1978年，作为密歇根大学组织心理学博士研究生，我有幸接触到我的教授丹尼尔·卡茨（Daniel katz）和罗伯特·卡恩（Robert Kahn）刚刚出版的著作，这就是现在已成经典的《组织的社会心理学》（*The Social Psychology*）的第2版。罗伯特·卡恩也教授有同样名字的课程。他们的著作主张采用开放系统这一视角来理解组织和构成组织的团队。其核心思想是为了理解某一分析单元的行为，你需要从分析单元的更高层级入手审视其带来的影响。如果将该理论用于指导实践，这意味着为了理解某个团队是如何运作的，你需要理解团队所在的组织对其带来的影响。他们的著作告诉我角色及影响人们担任这些角色的行为规范的重要性。在《专业引导技巧》中，我将他们对于角色这一概念的论述结合到我的著述中，介绍了帮助团队的不同引导角色及这些角色带来的不同期望。

| 克里斯·阿基里斯

对我产生重大影响的第二位大师是克里斯·阿基里斯（Chris Argyris）。阿基里斯曾是勒温的学生并与勒温一起创建组织发展这一领域。他不仅创建组织发展领域，还发明了"组织学习"（Organization Learning）这一新词。通过密歇根大学教授柯蒂·卡曼（Corty Cammann），我接触到阿基里斯的著作。柯蒂曾是阿基里斯的博士生。我被阿基里斯《干预理论与实践》（Intervention Theory and Practice）一书中所阐述的基于价值观的干预方式所吸引，我决定向密歇根大学申请学术假，以便向任教于哈佛大学的阿基里斯求教。阿基里斯帮助我看到了我们的价值观和假设，也就是我们的践行理论（Theory-in-Practice）是如何影响我们的行为的。另外，当身陷困境时，我们几乎所有人采用的践行理论是如何给我们带来不曾预想的后果的，而我们对此一无所知。阿基里斯帮助我认识到，如果我们希望团队和团队领导有效行事，他们必须超越工具和技巧并改变他们的思考方式。阿基里斯的思想促使我更为关注给团队带来不良后果的践行理论，而这可以解释为何需要发展型引导。

阿基里斯是理论结合实践的大师。他向我展示了如何使用他的理论对团队实施干预。这意味着面对客户时，我们知道究竟该说些什么；当客户做出回应时，我们可以说些什么。阿基里斯告诉我，如果你的行为不能与你标榜的核心价值观时刻保持一致，你就不是一位有效的咨询顾问。这给我提供了一个全新却又永恒的标准用于评判引导方式及领导力的有效性。这也有助于我在著作中介绍引导师或领导所实施的某项具体干预并解释这些干预背后所依附的概念。

从阿基里斯那里我也了解到，人们用于设计他们行为的践行理论也被人们用于构建他们所在团队或组织的结构与流程。结果是，团队和组织中四处可见单边控制模式的踪影，而这降低了团队有效性。这有助于我去理解领导力及团队或组织中更为结构化的要素是如何关联在一起的。最终，这帮助我构建了团队有效性模型，而这一模型为人们的践行理论（我称为心智模式）与团队设计方式建立了清晰的连接。

阿基里斯在组织发展领域引入了推论阶梯（Ladder of Inference）这一概念，它说明了我们如何迅速地从可以观察到的信息推断出含义，而我们对此还一无所知。我将他的推论阶梯略作调整并作为专业引导技巧中的主要部分，用于帮助引导师、领导或其他人理解他们的思考方式是如何决定他们的行为和结果的。

阿基里斯的主要实践对于我制定高效团队的八项基本规则也颇具启发性。例如，检验假设和推论，将主张和探询结合起来，讨论不便讨论的话题等基本规则都是阿基里斯著作里的精华。几乎所有的基本规则都体现了阿基里斯的某些思想。在我求教于阿基里斯之前，我和柯蒂·卡曼一起制定了专业引导技巧的第一套基本规则。鉴于柯蒂曾是阿基里斯的弟子，我们制定的基本规则也受到了阿基里斯的影响。

尽管阿基里斯关于领导力这一话题的著述不多，但他的著作清楚地表明团队领导力需由团队所有成员共同承担。也就是说，每位团队成员都有责任给与之共事的同人提供反馈。当我为团队、组织及希望改善团队有效性的人们提供服务时，阿基里斯的研究与著作，包括他与学术伙伴唐纳德·舍恩（Donald Schon）合作的研究与著作，构成我的学术思想的核心，现在依然如此。在我服务客户时，帮助团队领导和他们所在的团队改变心智模式，创造更为美好的结果并建立良好的工作关系，这是非常重要且极为挑战的工作，也是极有成就感的工作。

当求学于哈佛大学教育学院时，我遇到了阿基里斯的三位博士生：戴安娜·麦克莱恩·史密斯（Diana McLain Smith）、鲍勃·普特南（Bob Putnam）和菲尔·麦克阿瑟（Phil MacArthur）。他们共同创办了名为行动设计（Action Design）的咨询公司，其目的是将阿基里斯的研究成果用于指导实践并不断加以完善。该公司基于阿基里斯的模型建立了自己的模型。他们称为单边模式（基于阿基里斯的模型I）和交互模式（基于阿基里斯的模型II）。但我采用了单边控制模式和交互学习模式这一表述方式，因为在我看来，这更为准确、更为有力地体现了阿基里斯所创造的模型的精髓。无论是《聪明领导，高效团队》还是《专业引导技巧》，都基于我所称为的交互学习模式。1985年，普特南、史密斯与阿基里斯共同撰写了《行动科学》（Action Science）一书。书中讲述了如何运用阿基里斯的模型II来开展更为有效的干预研究。

▎理查德·哈克曼

理查德·哈克曼（Richard Hackman）对于团队的研究也对我产生了重大影响。与阿基里斯一样，他在哈佛大学任教之前，曾执教于耶鲁大学。让我哭笑不得的是，当我负笈哈佛大学求教于阿基里斯时，哈克曼却在密歇根大学社会心理学系度过他的学术假期。如果说阿基里斯关注的是我们的思考方式是如何降低我们的有效性的，那么哈克曼关注的是团队的设计，如团队结构及流程是如何降低团队有效性的。他关于团队的第一本著作《有效团队（和无效团队）》［*Groups That Work (and Those That Don't)*］是和我的多位研究生院的同事一起撰写的。这本书介绍了他的研究成果。最终，他把注意力放在高管团队上。他的研究成果与卡茨、卡恩的研究结论相似，因为他们都认为团队结构会对团队的有效性产生影响。哈克曼的研究揭示出评估团队有效性的三个标准。我使用他的研究成果构建了团队有效性模型，并将这三个标准略作调整，作为所有团队需要关注的三项结果。

哈克曼提出的团队有效性模型为研究结果所证实，是一个规范性模型。他讲述了有效团队该如何设计。我将其看作有效引导的必要组成部分。这也促成我构建团队有效性的规范性模型，用于帮助引导师、团队领导识别他们所服务的团队或所在团队的优势与不足及其背后的根本成因。

| 埃德加·沙因

在我接触哈克曼的著作的同时，我也接触到埃德加·沙因（Edgar H. Schein）的著作。当时他担任麻省理工学院斯隆商学院的教授。与阿基里斯一起，他们共同创建了组织发展领域。沙因提出了流程咨询这一概念。咨询顾问借助流程咨询帮助客户探讨他们开展工作的流程。他所撰写的《流程咨询》（*Process Consultation*）总结了他对于这一话题的研究心得。其中，他区分了流程咨询与内容—专家咨询（Content-Expertise Consultation）之间的差异，所谓内容—专家咨询，是由咨询

顾问提供团队所需讨论的内容并推荐解决方案。据我所知，沙因并没有在书中使用引导这一词汇来描述他所采用的咨询方式，但许多引导师将他的咨询方式看成引导并从中吸取有益的养分来打造他们自己的引导方式。沙因的著作帮助我更为清晰地认识了引导这一角色并帮助我认识到这一角色与其他第三方协助性角色的相似与差异之处。他还帮助我区分了基础型引导与发展型引导。与阿基里斯一样，他的著作提供了不同场景中的对话的例子，从而帮助我们将干预理论与实践结合起来。

沙因所描述的ORJI循环，也就是咨询顾问应该如何观察（Observe），做出反应（React），给出判断（Judge）以及实施干预（Intervene），帮助我深入反思了引导师、团队领导应如何看待并采用专业引导技巧实施干预。我将沙因的ORJI循环，阿基里斯的推论阶梯、检验推论、主张及探询等概念整合在一起，形成了我的交互学习模式循环。

沙因就干预所采用的假设与我的假设不一样。这帮助我更为清晰地说明我的引导理念。沙因的著作也帮助我了解了组织文化。在他看来，组织文化作为共享的假设可用于指导我们的行为，这一想法与阿基里斯提出的有关价值观和假设塑造领导的践行理论的概念类似。团队与组织文化成为团队有效性模型的重要组成部分。

┃ 彼得·圣吉

20世纪90年代，彼得·圣吉（Peter Senge）的《第五项修炼：学习型组织的艺术与实战》（*The Fifth Principle: The Art & Practice of the Learning Organization*）帮助我了解到有关系统思维的概念。圣吉当时执教于麻省理工学院。他的著作普及了系统思维并将系统思维与领导力和团队有效性结合起来。在这一过程中，他借鉴了阿基里斯的团队领导的心智模式及团队学习等思想。彼得·圣吉的著作帮助我理解了系统具有可以预测的互动模式［他称为原型（Archetypes）］，无论该系统是一个团队，还是一个组织或一个国家，也无论大家所面对的议题是什么。他为我提供了有别于阿基里斯的不同视角：如果我们在采取干预手段时未经系统思考，我们会让问题变得更为恶化而不是解决问题。他为如何审视系统提供了工具并帮助我们思考如何针对系统的杠杆点实施干预来获得持续的改变。交互学习模式帮助大家更为系统地看待引导、团队。例如，避免寻找问题的快速解决之法，因为这往往会让问题最终变得更糟。

阿基里斯、哈克曼、沙因及圣吉等人的著作都从不同方面给了我独到的启示。在我的著作中，我试图将他们的不同思想统一在一起。我的目标是通过系统的、既有理论框架又以研究结果为基础的方式来构建更为有效的团队，这一方式具有可操作性，非常有效，并且容易上手。

除了上述大师，我非常有幸和几位同事一起共事并从他们那里吸取有益的想法。他们帮助我提炼我的想法并改善实践。在教堂山的北卡罗来纳大学执教时，我曾和同事迪克·马洪一起花费数日讨论引导、团队和领导力等话题。在过去的20年中，我在北卡罗来纳大学结识的同事，随后又在罗杰·施瓦茨合伙人公司担任咨询顾问的安妮·戴维森（Anne Davidson）和我一起帮助领导和团队达成更高绩效、建立更好的合作关系并努力成就更好的自己。我们曾一起纠结于引导所面对的窘境和悖论。而佩吉·卡尔森（Peg Carlson）也是我在北卡罗来纳大学的同事并随后在罗杰·施瓦茨合伙人公司担任咨询顾问。他对于我提炼自己的想法提供了颇多帮助。安妮和佩吉既是《专业引导技巧实践指导》的作者之一，也是编辑之一。迪克在其中也撰写了若干篇章。

除了上述同事，我还有幸和诸多组织一起开展合作。我的客户不断地质疑并挑战我的想法，其结果是我的想法及交互学习模式得以不断演进。为了便于你了解这些最新进展及我们所提供的工作坊的信息、免费资源，你可以登录www.schwarzassociates.com。

最后，我非常有幸与凯瑟琳·查恩斯（Kathleen Rounds）结为伉俪。作为北卡罗来纳大学社会工作专业的教授，她首先尝试在研究生院教授专业引导技巧，所以她熟知这套方式。在我们过往三十多年的婚姻生活中，当我的行事方式与我信奉的价值观和假设保持一致时，凯瑟琳帮助我看到了这点。心怀热诚与关爱，她帮助我为自己的行事方式与信念保持一致而担责。

在有关专业引导技巧及支撑专业引导技巧的交互学习模式的简单介绍临近尾声之时，我想说明的是，这一方式的核心是打造有效的、令人满意的人际关系，无论这一关系是在职场中，还是在亲友或朋友之间，抑或在社区之中。使用这一方式时，我并没有因对象不同而采用不同的互动方式，无论你是我的同事、我的客户、我的家人、我的朋友还是其他人。简而言之，我认为交互学习模式就是我在这个世界的立足之本。我希望《聪明领导，高效团队》的读者可以使用这一强大的实践工具来帮助团队取得更好的结果并提升你们在人生旅途中的有效性。

最后，我在此向翻译此书的刘滨先生和关苏哲先生表示感谢。他们认为此书对于领导力及团队协作有着重要的价值，这是他们动手翻译此书的原因，我深感荣幸。

FOREWORD
前言

　　本书讨论的话题是你和你的高管团队如何取得更好的结果。在过去三十多年里，作为组织心理学家，我帮助高管团队走出困境并取得实际的进展，这一经历让我能提出"切实可行、拿来即用"的建议。这些建议是以坚实的理论研究作为基础的，并回答了有关团队发展的两个关键性提问：我该做些什么让团队和我更为有效？我为什么做这些？知道为什么做以及如何做可让你如高明的厨师一样，能够在现场即兴发挥而不是靠琢磨菜谱来做出一桌美味的佳肴。

　　要想做到这点，既不简单也不容易，这里没有神奇的魔法，也没有灵丹妙药，我也无法向你承诺三到四周之后你的团队的面貌将焕然一新。当然，世界上也无人敢给出这样的承诺。其实，我能给你提供的是简单易懂的原则，并告诉你如何把这些原则运用到当前最棘手或复杂的问题解决之中。在不断尝试运用这些原则后，你将发现你和你的团队陷入僵局的次数越来越少，你们取得良好绩效、建立密切工作关系、获得更高幸福感的概率更大。

　　团队是复杂的系统。仅仅关注愿景是不够的，你还需要设计合适的结构与流程，改善沟通方式或改变团队成员的行为。所有这些要素对于团队取得良好结果都非常重要，只有将这些要素组合在一起才能创造出不错的成果。

　　为了赢得你的支持而悄悄靠近你并对你说："你没问题，但是你需要改变团队。"这看起来是个不错的主意。但从现实的角度来说，这不太可能。团队是一个系统，你只是系统的一分子。本书所基于的假设是，你可能是造成团队低效的原因之一。你不是独行者：在一定程度上，我所辅导的所有领导都未觉察到他们本人是如何不明智地造成困扰团队已久的问题的。

本书读者

我这里所讨论的方式适用于所有场合及生活中的各个领域，并且对使用这一方式的所有人士都有效。但是，如果你独自一人使用这一方式而不是与有着类似想法的团队成员一起使用，你会感到吃力。如果你将这一方式用于向上管理，你会发现难度更大。所以我主要解决你作为高管团队的领导所面临的问题，也就是说，你拥有设计团队结构、流程及共事方式的权力，当然，你也需要为团队的最终结果负责。

除了正式领导头衔所涵盖的那些职责，本书也适合你，如果：

◆ 你认为价值观是你的领导力与团队的重要基石。

◆ 你的团队看起来陷入了困境，或者没有取得本该取得的结果。

◆ 你愿意考虑你可能是让你困惑不已的问题的始作俑者，至少你愿意考虑这种可能性。

◆ 你愿意从团队成员那里学习，或者与他们一起学习。你认为没有必要在所有时候知道所有答案。

◆ 你发现提升团队有效性不是一日之力，而是一周甚至是数月之功，这需要花费很长时间并不断践行。

本书概述

第一章将深入探讨以下问题：为何高管团队会陷入困境？是哪些原因造成团队难以走出困境？这一章简单介绍了两种对立的领导模

式——单边控制模式与交互学习模式。第二章则深入探讨了单边控制模式。第三章探讨了交互学习模式。

第四章讨论了基于交互学习模式行事的八种行为之中的头四种行为，解释了这些行为是如何在团队之中改善问题解决及决策的质量并推动行动方案的落实的。第五章则讨论了其余四种行为，这些行为有助于取得更好的绩效、建立更为紧密的工作关系并提升个人幸福感。

第六章则介绍了如何设计与交互学习模式及其行为保持一致的团队结构和流程，从而取得最佳结果。第七章则介绍了如何解决典型的团队挑战。第八章介绍了你本人如何开启自身的变革之旅，从单边控制模式转为交互学习模式。第九章继续讨论这个话题，介绍了你和你的团队如何开启交互学习模式之旅。

本书背景

本书是基于之前出版的《专业引导技巧》（该书第3版的英文版于2016年10月出版，中文版于2017年由电子工业出版社出版。——译者注）撰写而成的。《专业引导技巧》依然是团队引导领域的畅销书和黄金标准。该书没有提供如何在白板上板书，如何主持会议这类信息，而是介绍如何给团队带来持续影响，因为该书向专业人士介绍了如何帮助团队提升短期和长期的有效性。本书提炼了相关理论并提供了可付诸实践的方式，这样，CEO 和其他高管团队的领导可使用这一方式并加速团队有效性提升进程。

罗杰·施瓦茨合伙人公司从20世纪90年代就在数个组织中推行专业引导方式。当时，某知名计算机芯片生产商要求我们给他们的团队领导教授如何使用引导方式来领导。为了确保引导方式的有效性，这些团队领导意识到他们也需要大量掌握第三方引导师所展现出来的引导技能。虽然引入专业引导师可产生价值，但是如果让整个团队在每

次会议中一起使用引导技能将产生更为显著的效果，这是引导师无法做到的。当我们继续辅导高管团队并帮助他们取得更好绩效时，我们发现，与组织内部负责组织发展的专业人士及内部引导师一起合作，可帮助这些领导在组织中扩大这一方式的影响。

在为高管团队提供服务之前，我很早就对团队这一话题充满兴趣。早在20世纪70年代，那时我还是个十几岁的少年，我和其他几位同学一起为同龄人开设了预防自杀的热线电话。我们需要就决策方式达成一致，而我经常是那个投反对票的人。当时在我看来，除了我，没有人理解当前局面究竟是怎么一回事，但是我无法说服他们，我也没有权力强迫他们同意我的看法。现在回过头去看，我意识到我当时对局面的看法并不比其他人更好，我也不懂得如何帮助团队取得最佳绩效。那时候我还担任一群12岁孩子的辅导员。我运用了自己所学的有关领导力与团队建设的第一条建议："人们支持那些他们参与其中、共同谋划出来的想法。"于是，我下定决心让他们自行担责，我成功地帮助他们用了不到八周的时间学习如何管理团队。

数年之后，作为密歇根大学组织心理学的博士，我开始与来自美国国家税务局的高管及美国财政部员工联盟的负责人一起工作。两个组织的人员都承认他们之前团队中的敌对关系对于协作有害无益，所以他们希望寻求建立更好的协作方式。起初，在教授的帮助下，我引导双方讨论如何加强协作并为双方提供咨询，我们在美国国家税务局的每个分支机构组建团队去推动这一项目，并示范了员工与管理层如何建立良好的协作关系。这个项目成为通过协作提升生产率与工作质量的范例。从20世纪80年代中期直到20世纪90年代中期的十年间，作为研究公共行政管理机构与政府关系的教授，我在教堂山的北卡罗来纳大学任教。我一边为组织中的领导讲授如何管理变革与冲突，一边为他们提供咨询服务。此外，我还与当选或被任命的政府委员会委员及负责管理市或县的领导一起工作。这些工作需要在政治氛围浓厚的环境中开展，而且无论如何团队都需要产生结果。

自从20世纪90年代罗杰·施瓦茨合伙人公司成立以来，我的同事和我为全球各组织的领导或他们的高管团队提供帮助。所有这些工作的目标是一致的，那就是帮助团队走出困境并取得更好的结果。所谓结果，指的是有更好的绩效、更紧密的工作关系及更高的幸福感。本书是分享我们看法的一种方式，而你和你的团队可从中受益。当然，我也期待本书可以帮助你。

罗杰·施瓦茨

CATALOGUE
目录

第一章

你的团队表现如何

当我们把一些聪明的领导组成一个高管团队时，为何他们的表现往往不尽如人意？为何团队作为一个整体所表现出来的才智却逊色于单个成员？为何团队无法产生更好的结果？为何期待之中的团队协作没能发挥应有的作用？

由聪明的领导组成的团队的表现却不是那么聪明，这一悖论是你的团队的写照吗？请思考以下提问。

◆ 你是否怀疑团队真的能发挥出其集体优势？

◆ 团队开会时，你是否期待自己不在会议现场或出席会议的人最好是另一批人？

◆ 当你的上司（无论是高管或董事会成员）询问你的团队能否达成公司制定的战略目标时，有时候你是不是在心里嘀咕："我说什么既能反映真实情况又不会让你们感到泄气？"

◆ 你是否怀疑某些团队成员不愿意把他们的时间花费在团队会议上？你是否感到大部分团队会议实际上是在浪费时间？

如果你正在快速翻阅本书，我建议你放慢节奏，思考一下这些问题：你所领导的团队在达成最重要的目标上效果如何？你的团队在发现最主要的挑战及拿出应对之策上是否足够敏捷？相比于团队成员单打独斗，你的团队作为一个整体取得了哪些单靠个人难以取得的成果？为了尽可能帮助你做出最佳决策，你的团队做出了哪些贡献？在多大程度上团队成员真的做到了彼此担责，为实现团队目标而不遗余力？在团队之外，团队成员在多大程度上做到了互相促进工作？

你和你的团队虽然在业务上取得进展，彼此相处甚欢，但我几乎敢断言你们开展工作所依据的假设会严重束缚团队的手脚。虽然你不是这个问题的始作俑者，但是这个问题会让大家裹足不前。为什么？这是因为有一个几乎被大家奉为圭臬的想法——房间里只有一位领导。

房间里只有一位领导吗

我为何会如此确信你的团队潜力并未充分发挥呢？答案与心智模式有关。所谓心智模式，指的是个人或团队行事时所采用的一套核心价值观与假设。人们看待事物的方式塑造了人们的想法、感受与行为。哪怕在挑战不大的场合中，几乎所有的领导都会采用我所说的单边控制模式，虽然这一模式会带来负面的结果。克里斯·阿基里斯与唐纳德·舍恩在20世纪70年代开展的研究表明，在面对压力的情况下，98%的专业人士都会采用这一模式。他们的研究历经数十年，研究对象超过6 000位人士。而我的同事和我曾分析了数千个案例，面对挑战性局面时，人们的表现并没有他们所期望的那么有效。我们的客户包括专业人士，有男有女，既有CEO、一线主管、工程师、医生、销售与市场营销专家，又有科学家、人力资源与组织发展咨询顾问、财务专家和组织中的培训人士。他们所在的组织既包括企业，也包括政府及非营利性组织，来自12个不同国家。在如此众多的案例之中，我们发现，面对削弱其有效性的严峻挑战时，只有不足10位领导依然没有采用单边控制模式。在过往的四十多年中，虽然各个组织对于领导力培养项目投资不菲，可一旦面临严峻局面时，几乎所有领导依然会陷入相同的心智模式中。虽然他们这么做情有可原，但他们更有理由（或方法）对此做出改变。

当人们提及组织、部门或团队领导时，传统看法认为那个享有最大权力的人是领导，如CEO、部门负责人或团队领导。几乎毫无例外，大家都认为那个人才是组织的唯一领导。组织会赋予他许多领导职责，最明显的是那位领导享有为团队做出决策的权力并履行相应的职责。把他看成房间里唯一的领导，这意味着这位领导需要肩负团队的所有领导之责：确定会议的方向，挑战整个团队的思路，质疑团队成员的表现等。不是谁都能坐这把交椅的，房间里只有一位领导的想法意味着领导必须是全能选手，他既眼观六路，又耳听八方，他对团队中发生的一切都洞若观火。这位领导既要兼顾会议内容，又要考虑会议议程，一样都不可拉下。这就好比团队中只有一人，既担任设计师，又担任船长，还兼任引航员与工程师，而其他船员只不过是听命划桨而已。

这一说法是否引起了你的共鸣？如果是的，我不会感到奇怪。面对传统看法所赋予领导的这些不切实际的期望与职责，所有领导都只能甘拜下风。

请参加一个简短的调研

本书可帮助解决你作为团队领导所遭遇的真正问题，无论你在现有组织中任职，还是在其他组织中任职。为了帮助你识别真正的问题，请登录 www.schwarzassociates.com/resources/survey/。花 3~5 分钟完成调研之后，你可以看到基于你的回答所提供的结果分析。每个测试题目都会涉及单边控制模式的行为及心智模式的某些方面是如何削弱团队的有效性的。（这一分析基于另一种心智模式——交互学习模式的核心价值观。我将在本章随后的部分予以介绍。）

为单边控制模式所困的例子

约翰·哈雷最近晋升为某全球性设计与制造公司分管部门的总裁，但约翰与他的高管团队陷入了困境。

面对经营业绩表现不佳的局面，他们必须马上采取措施。他们虽然制定了新的战略，但是发现难以达成共识，更不用谈如何付诸实施了。会议中，各位高管虽例行公事般赞同新战略的各个部分（或保持沉默），会后他们却纷纷私下找到约翰，告诉约翰为何他本人难以贯彻大家在会议中达成一致的行动方案。每次约翰只好重新召开会议，再次商讨如何解决这一问题，但是大家依然会在会后私下找到他大吐苦水。大家不愿意在会上说出自己的真实想法。相反，他们宁愿私下找到约翰单独沟通。这一模式显然无法制定出真正的战略并产生期望的结果。

团队成员为何不愿意当众讨论这些问题呢？在会上，所有团队成员以"真理代言人"自居，非赢即输的氛围笼罩着整个会议室。一旦有人提出新的看法，那些持有不同看法的人会马上把这个想法"毙掉"或弃之一旁不加理睬。大家彼此很少提问对方，即使有提问，也不过是为了更好地阐述自己的观点而不是为了理解对方的想法。

约翰希望各位高管更为关注彼此负责的业务单元及整体业务的表现。这些高管或分管某个业务单元，或领导某个为所有业务单元提供支持的职能部门。在他看来，团队成员应该互相协作并紧密配合，充分挖掘并发挥各个业务单元的潜在协同优势，但是，团队没有朝着这个方向努力。对于约翰来说，这意味着大家不仅需要互相询问各自管辖的业务单元的经营状况，而且需要互相挑战。但是，正如约翰所解释的那样："从来没有人询问其他人所负责的业务单元的情况如何，哪怕业绩出现了波动。从未有人说：'喂，乔，为什么你部门的费用这么高？'我的担心是他们虽然在头脑中闪过这些念头，但是他们从来没有当众说出他们的担心。"

团队成员不愿互相担责，其中的一部分原因是他们担心一旦为难对方的话，作为回应，他们也会遭到对方的为难。在他们看来，会后单独找约翰沟通，这是富有同理心的表现，因为这样做，他们可以私下向约翰提出自己的担心并通过迂回的方式解决问题，而不是让彼此的分歧完全暴露在大庭广众之下。

约翰并没有意识到他本人的"操作系统"，也就是他的心智模式造成了他抱怨不已的问题。他所采用的单边控制式的领导方式让他认为他唯一的职责就是要求每个团队成员向他担责，而不是把重担压在整个团队身上并让他们互相担责。这种做法进一步强化了团队成员的心智模式，认为他们不必互相担责。约翰和他所领导的高管团队陷入了困境。除非他们走出困境，否则他和高管团队无法扭转业绩不佳的局面。约翰和高管团队需要重装新的"操作系统"。为了改变心智模式，他们付出了许多时间与努力，他们做到了。数月之后，他们制定了新的战略并赢得了整个团队的支持，他们开始实施这一战略。新的战略与团队新的协作方式取得了回报。数年之后，该团队的业绩为之前的四倍多。

| 为何众多领导纷纷陷入困境

我并不是指出领导因使用单边控制模式而削弱团队有效性的第一人。其他人已经注意到这两者之间存在内在冲突：基于单边控制模式行事与指望你的直接下属为结果担责。既然这一问题已经得到广泛认同，那领导为何不改弦更张，选择另一种模式呢？领导为何不能摆脱困境呢？

其中的一个原因是人们并不完全清楚他们实际采用的心智模式为何，这就如同约翰和高管团队那样。在你的组织中，我的猜测是你曾听到其他领导（可能是你的上级）使用一套语言，鼓动大家彼此保持开放、协作并共同担责，可一旦面临挑战性局面时，你只需稍加留意，不难发现同样的领导却很有可能采用了相反的心智模式，也就是单边控制模式，但他们自己并没有认识到其中的差异。

这并不只是嘴上说一套，而行动上采取另一套做法那么简单。如果真是这样，改变起来就容易多了。问题在于，一旦面临挑战性局面时，领导实际采用的心智模式很少是他们所认为的那样。

例如，设想一下你的团队所处的某个场景，我询问你准备使用什么样的原则来指导你们的行为，我将这称为"标榜的理论"。假如你正与团队一起制定战略，你与大家陷入争执之中。在这种情况下，你可能告诉我你认为重要的是让大家达成共识，鼓励所有人分享各自的想法，理解彼此不同的视角及让大家心怀好奇，等等。你可能还会继续补充，你的角色就是创造条件让这样的讨论得以发生。但是，如果我用摄像机记录整个会议过程的话，随后给你换上另一套面具或配上另一个人的声音，你可能发现领导的行为与他们所标榜的心智模式并不一致。与其费事询问大家错失了什么信息，团队领导干脆直接点出漏掉的信息并告诉大家这点。与其费心理解每个人的看法，团队领导努力说服大家承认他们的观点是错误的。这不是说一套做一套那么简单。问题的本质在于真正指导你行为的那套心智模式不是你自认为会使用的那套心智模式。在旁人看来，这其中的差距是再明显不过了，但人性会让当事人难以看透这点。

人们往往没有觉察到他们正在使用单边控制模式。他们使用这一心智模式极为自然，丝毫没有意识到这点。对此毫无觉察自有其目的。这可以简化问题并可避免因意识到你的真实选项所带来的尴尬：我在会议中真正需要做到的是确保无论发生什么，我提出的方案被采纳。

即使人们清楚地意识到自己所使用的是单边控制模式，他们依然认定自己的所作所为是有道理的，他们是出于团队和组织的利益考虑的。从他们自身的视角来看，他们认为自己的行事方式会给他们带来最好的结果，无论其他人是否赞同这一看法。遗憾的是，实际情况往往并非如此。

领导陷入困境的第二个原因是，除了固守单边控制模式或坚持房间里只有一位领导的看法，他们难以找到摆脱困境的其他办法。每个人都知道，一旦广开决策之门，团队将陷入困顿之中，因为大家的看法难免出现冲突，而这些冲突会让人感到不适，应对起来也相当棘手。

团队成员并不希望面对这种令人痛苦的冲突局面，所以他们一起帮助领导固守困境。他们指望领导能名正言顺地行驶手中的控制权，并继续强化这一权力，虽然他们对此抱怨不已。他们把提出并解决阻碍团队绩效的困难话题看成成为团队领导正式角色中的一部分，哪怕他们私下对此腹诽不已。他们或者认为领导没有看到问题，或者认为领导未能采取有效措施。他们认为，给绩效不佳的同事提供反馈是领导义不容辞的责任，哪怕是他们向其他人抱怨，他们没有看到这些同事的行为发生任何改变。他们认为，领导应该洞察自身对于团队问题的影响，可是他们却对领导采取秘而不宣的方式，这让领导难以了解到相关信息。

团队领导也好，团队成员也罢，大家都认为"那是领导义不容辞的职责，那是组织聘请领导的原因"。团队成员都盼着领导采取行动，却没有意识到正是他们本人封锁了本可用于采取行动的信息。本来，他们可以要求大家为分享这一信息而共同担责，无论是向上反映情况，还是表达自己的诉求。这一做法带来的后果是，所有成员的行为继续强化他们腹诽不已的角色与结果。

这不是有关糟糕的上司或无能的下属的问题，而是关于团队成员如何看待正式领导与团队成员之间关系的问题。当真的找来一些意在促进团队成功的工具时，他们尝试之后却发现这些工具或培训项目难以真正解决他们对于正式领导与团队成员之间关系的看法的难题或无法从根本上提出挑战。他们开展过"参与式领导""承诺文化""赋能式领导"等各种培训项目。另外，他们还在打造领导力工具箱中加入了诸如"激励、鼓舞或鼓励他人参与"等多种工具。但是，一天培训结束后，这些工具让他们不堪重负，他们并没有感到自己成了更为有效的领导。他们就像费尽心思讨好他人的销售人员，指望这一做法能推动团队完成任务。但是所有这些方法依然允许大家恪守相同的限制性基本假设：其他人需要做出改变，这样，团队正式领导的想法才能得以保持完整并发扬光大。是的，为了帮助团队做出巨大改变，正式领导可能需要做出一些表面上的调整，但是知道团队需要做些什么以及如何付诸实施，这依然是正式领导的职责。

这就是团队依然被单边控制模式所困的原因。但也不是没有好消息：人们能够发现并改变那些限制性基本假设。与单边控制模式以及

房间中只有一个领导的看法有别的是，还有另一种心智模式可供选择，而且你能掌握它。

改变无效的心智模式

选择权依然在你的手中。你可以挑战团队所采用的单边控制模式。你可以询问自己，只有其他人需要做出改变这一看法在多大程度上成立。你可以选择接受这样的可能性，那就是你的想法未必总是正确的。你可以选择让团队冲锋在前，也就是让团队成员为整个团队担责而不仅仅为你担责。你可以选择培养团队并让所有团队成员共担团队领导职责。

改变你的领导方式开始于你改变自己的心智模式。无论改变的是你作为领导的心智模式，抑或是其他团队成员的心智模式，这意味着你们所持有的基本假设与价值观发生改变，包括团队正式领导需做些什么，团队领导如何与所属团队成员互动，你作为领导的角色，以及直接下属作为团队成员的角色等。总体来说，你需要做四件事情促成改变。

◆ 采用新的假设：
  • 领导来自在座的每一位。
  • 团队成员也需要做出改变。
  • 团队成员彼此共担职责。
  • 整个团队遵循相同的指导思想。
◆ 确保团队结构（系统、政策、流程）与你们的价值观保持一致。
◆ 避免传递你无法分享的信息。

◆ 彼此建立广泛的信任关系。

采用新的假设

我刚刚列举的这些新假设可让你远离单边控制模式。下面是详细的介绍。

领导来自在座的每一位

团队领导对于共担领导职责这一想法表现得犹豫不决，原因在于他们非常渴望控制。但是，领导团队的有效方式要求他们放弃控制他人的心智模式，这一模式所带来的结果是把团队领导看成团队之中的唯一决策者，他无所不能且全面担责。团队正式领导依然需要为最终做出的决策而担责。但是，他们也需要在团队之中分享控制权，并把团队领导力重新界定成为了让团队充分发挥作用而共担职责。这意味着团队领导需要认识到，在任何时刻，有效推动团队前进的洞见与能力可能来自在座的任何一位。这意味着团队正式领导的含义需要重新界定，因为团队领导将不再只由一人担任。

团队成员也需要做出改变

这个假设涉及团队成员如何看待团队领导的角色，以及每个团队成员与团队领导共事的方式。如果团队领导在个人改变上裹足不前，随着时间流逝，坚持原有假设的团队成员的行事方式将促使房间中只有一位领导的看法死灰复燃。

为何会出现这样的状况呢？团队成员会逐渐施加影响并让这一切悄然发生。在单边控制模式的框架之下，团队成员把提出并解决阻碍团队绩效的难题看成团队正式领导的职责。当他们向其他人抱怨同事的行为没有发生任何改变时，他们认为需由团队领导出面给这些问题员工提供反馈。团队成员认为团队领导理应知道团队成员的任何错误行径（其中也包括团队领导本人），哪怕他们不曾分享本可帮助团队领导看到这点的信息，这种做法也是可以被接受的。

团队成员需要认识到他们本人也是团队所构建的共享心智模式的一部分，这一模式界定了他们与正式领导之间的关系。他们应该看到领导力问题不应只是团队正式领导一人需要关注的话题，因为团队领导可来自团队之中的任何一位成员，事实上也必须如此。他们需要把领导看成在真实场景中不断变化、灵活多样、不断调适，并由大家共担的角色。例如，所有团队成员需要了解，任何时候，一旦发现团队正在做出未经检验的假设并可能带来不良后果时，他们需要发声。当团队正在寻找问题解决之路时，任何团队成员理所应当帮助团队正式领导识别冲突中的关键利益。如果团队领导要求团队成员给出反馈但好像已经做出了决策，任何一位团队成员理应帮助团队领导看到实际发生的状况是什么。当一个高管团队学会如此行事时，他们可构建一个更为有效的系统以便大家一起共事。他们所产生的协同效应远大于把单个成员的力量简单地汇总在一起。

团队成员彼此共同担责

如果团队领导与团队成员之间的关系发生改变，那么领导角色将更为灵活，这意味着团队成员的关系也需要发生改变。在传统意义的团队之中，职责是按照中心－辐射型的方式分担的。团队成员占据各条辐射线末端的节点，并向占据辐射之源或中心位置的团队正式领导担责。团队正式领导负责管理整个团队，所以他需要承受每条辐射线释放出来的压力，并让占据每个节点的团队成员向他担责。这一传统式的中心－辐射型的模式并没有赋予团队成员什么实质性职责，也没有让他们彼此担责。

更好的模式可深化担责与承诺。在这样的团队中，团队成员彼此担责，而不只是向团队领导担责。那些团队成员根本无法解决的问题或只能上交给领导的问题将由整个团队出面担责。这些问题包括团队成员担心他们能否在截止日期前完成任务，或者担心团队成员之间的工作质量差异是否会给他们自身或其他团队成员带来负面影响。这一模式要求所有团队成员识别他们的优势所在及他们需要改进之处，这样，他们可互相提供反馈与支持。团队担责的核心，其实也是最基本的一项担责是，无论你身居何位，同事应互相给予诚恳反馈，哪怕是负面的反馈。

做出这个选择意味着团队成员需要为他们的团队关系承担更多的职责，而不是让团队正式领导扮演中间人、仲裁者或缓冲器的角色。

整个团队遵循相同的指导思想

除了让整个高管团队共担职责，团队还需共享一套被清晰界定的团队目的与价值观。如果这些指引没有就位，团队领导将不得不出面继续承担监督并确保每个团队成员为整个团队提供支持的职责。

当整个团队对于共同目的与价值观达成共识并做出承诺后，团队的目的与价值观就将成为团队成员评估彼此绩效的指引。事实上，每个团队成员都可在领导时采用目的与价值观作为指引。他们还可以向团队正式领导和其他团队成员做出解释，他们的意图与行动是如何帮助团队达到与价值观保持一致的目的的。

关注这些领导力指引不是为了回避团队成员与领导之间的重要而颇具挑战的对话，而是为了夯实互动基础，在我看来，这是提升互动层次的方式。这样，双方不至于滑落到仅仅由彼此需求构成的冲突之中，不管其中涉及哪些人。

当选择将目的与核心价值观作为团队行事的准则时，你不仅可以提升团队成员的互相担责意识，还可以促进你本人的担责意识。某些领导发现提升担责意识不是那么容易做到的，因为这压缩了他们选择的空间。其他领导则将担责看成他们践行价值观的方式。

确保团队结构与你们的价值观保持一致

这里所指的结构不是指团队的组织结构，如谁向谁汇报，而是指团队中构成系统、政策与程序的相对稳定且重复出现的事件，如奖励机制，预算流程、绩效管理政策与流程等。一个有效的团队需要团队结构来支持团队心智模式及所期待的结果。团队结构在团队之中的存在方式并不是随意为之的；这有意或无意地体现了在团队之中占主导地位的心智模式。你可以刻意设计或重新设计团队结构，以便契合驱动团队行为背后的假设与价值观。如果你的组织的领导方式为单边控制模式，我敢打赌，你的组织的团队结构将体现并强化这一模式，并削弱你为共担职责所付出的努力。

360 度调研就是我喜欢引用的一个典型例子。这一调研方式听起来并不陌生吧？你的上司、你的同事、你的直接下属或客户的代表一起完成调研，就若干调研项目给你做出评估，有时他们还会加上一些评论。调研结果汇总后，你将收到一份单独的报告，告知你每个调研项目的平均得分，这些得分来自你的同事、你的直接下属与客户。因为大部分人只有一个上司，所以你可能知道上司给出的评分是多少。但是其他人给出的评分及评论全都是匿名的。这是因为设计 360 度调研的专家认为匿名利于大家给出真实的评价。通常他们还认为绩效反馈是正式领导的一人之责。

遗憾的是，这一评价系统带来了不曾预想的后果。第一，匿名让你无从得知谁给出怎样的评分，以及他们为何给出这样的评分。其结果是你无法评估这一数据的有效性。第二，如果没有具体例子，你无法知道某人认为你在"提供清晰的方向"或"对我的关切做出回应"这两项的得分为"2分"的具体含义是什么。第三，因为反馈是匿名的，你无法轻而易举地从点评你行为的那个人那里获取帮助。一句话，本应帮助你改善绩效的系统的设计方式让你难以获得相关信息。从更深层次去剖析，这一绩效反馈系统影响了让团队成员互相担责的构想。

构成团队结构、程序与系统的是基于单边控制模式的一套核心价值观与假设，这一核心价值观与假设影响了团队透明度、共同担责，并最终损害了团队有效性。如果你希望构建高效团队，团队结构需要采用另一套核心价值观与假设。

避免传递你无法分享的信息

随着相关知识的传播，许多提升领导力与团队协作的方式变得更为低效。我曾在旅行途中听到一个很好的例子。坐在我后面一排的是某销售高管和他新招募的销售经理。这位销售高管正在辅导新销售经理如何在组织中取得成功。他详细描述了他是如何从组织中的其他人那里获得他所需要的支持的（他的声音正好大到我可以听到他说的每句话）。分享了这些秘诀之后，这位销售高管告诉新入职的经理："当然，我绝不会对你使用这些手段。"我当时非常渴望看到新销售经理脸上的表情，但我还是拼命忍住了没往后偷偷瞟上一眼。

这位销售高管给新销售经理提出的建议其实是自我设限。一旦向其他人分享了他施加影响的策略，他势必降低了这一策略对那人发挥作用的概率。请注意，这位销售高管准确地描述了这一策略的性质，这就是他为何强调不会在新销售经理身上使用这一策略。自我设限的策略是强加于人。总体来说，人们对这一策略知道得越多，这一策略的效果就越差。

在团队和组织中，这是一个常见问题。另一个我经常引用的例子是给出负面反馈的三明治方式：在反馈的开始与结尾之处给出正面反馈，在中间夹杂着负面反馈。在你的职业生涯中，你可能学习过这一方式。可能有人告诉过你，在开始阶段给出正面反馈的目的是让对方放松，以便为随后给出的负面反馈做好铺垫。当对方听完负面反馈之后，给出的第二个正面反馈可以让对方感到舒服并以正面肯定作为收尾，这样，对方不至于对你表示不满。

但是，如果你是一位了解三明治方式内情的反馈对象或目标对象，当看到上司开始对你使用三明治这一反馈方式时，你可能马上贬低作为正面反馈的那片面包所带来的价值，因为你知道其目的是让你马上尝到中间的那一片火腿肠。你感到自己被愚弄并因此恼怒不已，或者你会暗暗发笑，因为你的上司不知道这一方式对你来说并不奏效。无论是何种情况，这一方式并没有想象中那么有效。但让人称奇的是，组织依然坚持教授其员工这一方式，丝毫也没有意识到他们教授得越多，这一方式的效果就越差。

如果你想打造一支高效团队，随着使用人数的不断增多，你所使用的方式应该让团队变得更为强大，而不是更弱。这意味着你需要远离那些控制他人的技巧，转为使用那些促成协作的方式。

彼此建立广泛的信任关系

这是我经常和客户分享的一个案例，以便他们从中发现自己对于信息和权力分享的看法。在表 1.1 中，右边栏目是宝拉与泰德的对话。左边栏目是宝拉私下的想法与感受。当你阅读案例时，请思考以下两个提问：

◆ 你认为宝拉与泰德的汇报关系是怎样的？

◆ 如果是宝拉向泰德汇报，那么宝拉应如何改变她与泰德说话的内容？如果是泰德向宝拉汇报呢？如果他们是同级呢？

表 1.1　窥视幕后

宝拉私下的想法与感受	宝拉与泰德的对话
我认为这次汇报一塌糊涂，我问过另三人，他们也是这么认为的	宝拉：你自己认为你昨天向董事会汇报的情况如何
你真的认为他们会批准这个项目还是你想给自己脸上贴金？吹毛求疵？！你连一些基本的成本核算问题都无法回答	泰德：我认为还可以，虽然其中遇到一些挑战。某些董事真的有些吹毛求疵
我不明白你为何不强调我们为什么想做这个项目。董事们是不会批准这样的项目的，如果他们对一些基本问题都无法得到令人满意的答复的话	宝拉：但我们这次汇报真的非常重要。你认为他们现在会批准这个项目吗？或者我们还需要给他们提供更多的答案
我不想在这个即将中途夭折的项目上浪费时间。另外，我的声誉也岌岌可危	泰德：我认为我们的进展还算顺利。好几个人在会后找到我并称赞汇报做得不错。我认为我们应等等看看
我希望这些董事们不要认为我需要为你未能回答这些问题而担责。你为何不利用我给你提供的信息呢？我慢慢理解你为何要这么做了	宝拉：也许吧。但我认为我们可能需要给董事们提供更多的信息

大部分团队领导很快发现宝拉并没有分享泰德本可在将来用于改善绩效的信息。随后他们自动做出了有关汇报关系的推论，宝拉与泰德可能是同级，或者宝拉向泰德汇报，或者泰德向宝拉汇报。选择上

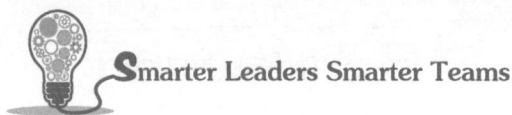

述三种汇报关系的人数几乎相等。但是，当我询问他们："难道宝拉分享什么信息或不分享什么信息取决于她与泰德的汇报关系吗？"几乎所有人意识到，从逻辑上讲，宝拉应分享所有信息，无论她与泰德的汇报关系是怎样的。

但从情感上来说，这不是那么简单。几乎所有人对于权力与汇报关系所构建的心智模式会让他们表现出不同的行为，这取决于汇报关系是同级、还是上下级。当你给直接下属提供反馈时，你可能比较直截了当，而当你向上级报告类似事项时，你可能比较委婉。当你采用不同的方式来处理不同关系时，其他人会注意到这点并会好奇你究竟是一个怎样的人。在最基本的层面上，人们可能质疑你的可信度。

为了摆脱困境并取得成果，你需要构建一种有力而灵活的方式，并让你在面对所有的工作关系时都可应对自如，无论与你共事的人是位居高位、享有更多权责的领导，还是你的同级或你的下级。无论他们是你团队的成员之一或整个部门的成员之一；无论他们是你的同事、供应商还是客户。

这并不意味着你需要在每个场合做同样的事情，说同样的话；采用相同的方式意味着你在每个场合都是基于相同的核心价值观与假设行事的。使用相同的核心价值观与假设意味着你的行事方式始终如一。如果你基于卓越的价值观与假设行事，你将树立自己的正直形象，人们会渐渐地把你看成表里如一的人，无论你身处何种场合。由此你可建立与他人的信任。建立这种信任意味着你改变了自己与团队以及团队成员有关权责的心智模式。

心智模式是改变你的领导方式的关键

本书的核心主题是你的领导方式是由你的核心价值观与假设即你的心智模式决定的。你看待问题的视角决定了你的想法、感受与行为。如果你陷入了困境中，哪怕你改变了行为方式，你也未必能得到你所期待的结果，原因是仅仅改变你的行为方式是不够的。你的心智模式最终决定了你的行为方式。如果你希望改变结果，你需要改变的是决定你行为方式的心智模式。

> **如果你希望改变结果，你需要改变的是决定你行为方式的心智模式。**

这意味着你需要超越技巧。如何通过掌握新的技巧来取得更好的结果，对此你可能已经获得过许多建议。但本书无意向你介绍掌握新技巧的秘诀，我也无法承诺给你提供一试就灵的秘方。如果技巧上的简单改变可在一夜之间给你带来更好的结果，你可能早已试用过了。如果只是学习新技巧或改变行为方式却无意于改变你的心智模式，这只会让你不断重蹈覆辙。这就是许多领导对于改变领导方式的培训项目敬而远之的原因，当然，他们的这般态度也是情有可原的。如果你曾目睹这些培训项目纷至沓来又悄然退去，你可能把任何新的尝试视作当下又一热门。无论你对提升本人领导力或所在团队领导力的新方式多么热衷，你的热情最终会被这样的看法稀释——任何改变不过是稍纵即逝的流星。如同之前受到追捧的其他领导方式，这些方式的下场就像书架上沾满灰尘的书籍，无人问津。伴随着每次努力都以弃如敝屣的下场告终，冷嘲热讽与日俱增，持续改进也越发变得可望而不可即。那是因为如果付出的努力仅仅只是关注技能层面的改进，是难以打造出更好的结果的，至于保持那更是奢谈了。有鉴于此，你和你的团队需要改变你们的心智模式。

改变心智模式并不是件容易事，这无法在一夜之间实现。这不是你耐着性子参加两天领导力工作坊就能催化出来的，哪怕你积极参与其中，效果也不明显；这也不是你阅读几本书（其中包括本书）就能发生的。如果你期待改变明显可见并可持续带来更好的结果，你必须付出与之相配的艰苦努力。这意味着你要与团队成员一起，在未来相当长的一段时间里共同努力，只有这样，团队的心智模式才能焕然一新。

此时的选择是两者选其一：你或者选择做出改变，但依旧局限于行为与团队结构层面，而你指望这能带来显著改变；或者你开始改变你的心智模式及团队的心智模式，而这可催生新的行为与团队结构。当选择后者时，你击中了问题的要害。通过了解自己的心智模式，你开始理解为何你和团队会陷入困境，你们是如何在无意中造成这一困境及如何摆脱这一困境的。

你的心智模式就是你的操作系统

下面是一个不错的比喻。你的心智模式就如同计算机的操作系统。每台计算机都需要操作系统才可运行。如果没有操作系统，任何计算机不过是昂贵的废物。计算机的操作系统把计算机的硬件和软件组织在一起并发出指令，这样计算机才能按照既定的方式运行自如。

你的心智模式起到同样的作用。你的心智模式指导你采取行动并得到结果。你的心智模式控制你做出的决策、你做出的陈述及你提出的问题。如同任何好的操作系统，你的心智模式让你迅速采取行动，运行起来毫不费力且非常娴熟。你的核心价值观与假设指导你设计行为方式，其原则是这样的，"当我在情境 X 中时，如果出现了 Y，我应该说或做 Z"。例如，"当我与直接下属一起参加问题解决会议时，如果他们提出的建议在我看来不能奏效，我应该告诉他们为何他们的想法是有缺陷的"。

如同任何计算机操作系统，不管是 Windows 系统，还是 Linux 系统，你的心智模式运转迅速，所以你可以马上评估所处情境，让自己在毫秒之间做出决策，并且看起来毫不费力。正是你的心智模式让你行动快捷并无须付诸思考就可做出反馈。

正如你很少关注你的计算机操作系统一样，除非计算机宕机，否则你不会关注你的心智模式。另外，心智模式在后台运行，不会把你的注意力从眼前需要解决的问题那里引开。当你就直接下属提议的解决方案中的缺陷给出反馈时，你并没有意识到自己是这么想的："这些家伙没有抓住要害。他们并没有完全理解挑战所在。我需要告诉他们这点。"你只是做出回应，看似未经思考。心智模式运行时无须刻意留意这点，这当然是件好事情，这一美好的局面一直持续到心智模式成为问题的成因为止。

让我们继续使用计算机这个比喻。如果你的心智模式如同操作系统，那么你的行为就如同应用软件。应用软件帮助你完成具体的任务。想象一下你的计算机中运行的不同应用软件，如微软办公软件，谷歌地图或 iTune 等。总体来说，这些完成任务的应用软件是基于后台运行的计算机操作系统而设计的，如果没有操作系统，这些应用软件将无法运行。奥妙在于操作系统可支撑所有应用软件的共同的基础性需求。

但是这一安排也有其局限性，如你的操作系统的版本会影响应用软件能否自如运行。一旦尝试运行新的应用软件，如电子游戏，你就会注意到这点，因为你发现现有的操作系统无法支持新的应用软件顺畅运行。如果你在当前版本的操作系统上运行最新版的谷歌地图、iTunes，或你喜爱的电子游戏，这些应用软件能够运行自如，但如果你在过时的操作系统如 Windows 95 上运行最新应用软件，那我只能祝你好运了。

人的心智模式与行为与此类似。有时，你希望通过改变行为来获得好的结果。这就是为何当你学习或体验到某些新的领导方式后，你会感到激动不已，无论其来自某个领导力培养项目还是某个提升团队协作的项目。如同你希望运行新的应用软件一样，你希望在组织中引入这些项目并付诸实施，这样，你或团队能够达成更多结果，速度更快，效益更好。

遗憾的是，这一愿望大多难以实现。正如你无法在不兼容的操作系统上运行新的计算机应用软件一样，如果你的心智模式不改变，你也难以成功推行一套新的行为方式。组织里随处可见各种曾经受到追捧的变革培训项目的"残羹冷炙"，因为这些项目仅仅关注行为改变。环视一下组织，检查一下你的书架，你依然可以看到这些培训项目留下的印记。令人唏嘘不已的是，这些行为改变原本可以发生，如果当时能获得更深层次的支持的话。

如果新的计算机应用软件无法在过时的操作系统上运行自如，那么你只需要给计算机安装最新版本的操作系统。如果你尝试新的领导力行为却没有取得更好的结果呢？你将从何处入手升级可带来新的行为的新的心智模式呢？如何升级呢？你将舍弃单边控制模式，转为使用交互学习模式。我在此简单地做些介绍，在随后的两章中我将详细介绍。

限制性心智模式：单边控制模式

当采用单边控制模式时，你试图通过掌控全局来实现你的目标。这意味着你试图让其他人做你希望他们做的事情，但是你试图让自己尽量不要受到他人的影响。你把领导力看成凌驾于他人之上的权力，掌控这一权力非常重要。一旦采用单边控制模式，如果你不得不与他人共享权力的话，你会认为你将丧失权力，这会让你感到不寒而栗。对你而言，这不是好事。

当采用单边控制模式时，一旦与共事之人的看法有别，你头脑里的想法非常简单：我了解情况，而你并不了解；我是对的，而你是错的；我要赢。

> 当采用单边控制模式时，一旦与共事之人的看法有别，你头脑里的想法非常简单：我了解情况，而你并不了解；我是对的，而你是错的；我要赢。

单边控制模式导致单边控制式的领导行为。虽然有时候这一模式显而易见，但更多时候这一模式如同蛇行草间，若隐若现。你认为自己是团队的唯一领导，而其他团队成员不过是你的追随者。所以，你一个人需要为整个团队担责。这意味着你指导讨论，挑战团队成员的想法，处理团队之中及团队成员之间出现的问题。一旦团队成员出现不同看法，你把自己看成那个拥有足够信息、经验丰富并具备专长指出团队下一步需要做些什么的人。

让我们继续使用计算机这一比喻。98% 的领导已经预装了单边控制这一心智模式。对于全球绝大部分人来说，当面临挑战性局面时，这是他们默认启用的操作系统。当涉及巨大利益时，当你对当前局势或解决方案持有强烈的看法时，当其他人的观点与你有别时，在这些情境之中，你会自动启用这一心智模式。

变革式心智模式：交互学习模式

当采用交互学习模式时，你通过向他人学习或与他人一起学习达成目标。这意味着你对他人的观点保持开放，与此同时，你试图去影响他人。在你眼里，团队中的每一位成员都拥有拼图块中的一部分。你的工作是与其他团队成员一起，共同完成这项拼图作业。你把领导力看成与他人协作的能力，而不是凌驾于他人之上的权力，所以你不断寻找与他人共享权力的方式。一旦采用交互学习模式，权力不再是零和游戏。与他人分享权力，你并没有因此遭受任何损失。

当采用交互学习模式时，一旦与共事之人的看法有别，你的心智模式非常简单：我知道一些，你也知道一些。让我们一起学习，共同推进。

> 当采用交互学习模式时，一旦与共事之人的看法有别，你的心智模式非常简单：我知道一些，你也知道一些，让我们一起学习，共同推进。

交互学习模式支持分享领导力。这并不意味着你需要放弃你作为团队正式领导的角色。这也不意味着团队做出的所有决策必须达成一致。这只意味着每个团队成员都有责任协助领导团队——积极提出建议并为团队的每项职能与结果共同担责。这意味着在任何时间里，团队中的任何领导都可表达主要想法，可指导讨论，可挑战其他团队成员的想法或帮助团队改变前进方向。当团队成员出现观点不一的情况时，团队中所有成员都会好奇，渴望了解不同观点背后的信息，以及可能遗漏了什么信息。

小心差距

很容易出现你自认为在使用交互学习模式而实际上却在使用单边控制模式的情况。交互学习模式经常是那些高瞻远瞩的领导或组织极力追捧的，因为他们所标榜的美好理念通常是报纸杂志的热门话题。每周，《纽约时报》周日商业栏目中的"办公室一角"会就领导力这个话题采访一位 CEO。绝大部分 CEO 们讲述了他们是如何创建安全的环境来鼓励员工冒险或创建充满信任的环境来激励员工心怀好奇、互相学习的，与此同时，他们又是如何打造一支互相担责的团队的。这些 CEO 们的行为在多大程度上与他们所标榜的交互学习模式保持一致呢？我的猜测是比例不如他们所认为的那么高。在我数十年帮助众多领导的经历之中，我曾观察了数千例领导行为，我发现几乎所有的领导虽极力标榜交互学习模式，但在实际工作之中，他们总是基于单边控制模式行事。结果是，他们恰好削弱了他们一心希望创造的结果。

打造一支践行高效领导力的团队首先需要从你如何实施领导这一基本选择开始。这一选择体现出你的基本价值观与假设——成为团队领导，这对你意味着什么，这对团队意味着什么。我把此界定为两者选其一，是选择传统的领导方式却自我设限，还是选择相对新颖、更为系统、更为持久的领导方式呢？构建一种新的领导方式，把新的领导方式带入团队之中，这意味着你们需要做出系列决策。你可能还没有思考过你对权力的选择，或者你思考过，你可能假定传统的领导方式是唯一的选择。其实，你还可以选择其他方式。你对领导方式的选择可让你的团队从中受益。最终，你的选择将决定团队可达成的结果。你可以发现并改变你和你的团队的心智模式，这让你变成一位更聪明的领导，而你的团队也将变得更高效。

第二章

你和你的团队是如何陷入困境的：单边控制模式

采用单边控制模式的人希望通过影响他人来达成目标，但在这一过程中，却不愿意受到他人的影响。对于商界人士而言，这再自然不过了。这一模式把领导力定义成凌驾于他人之上的权力并把分享权力看成丧失权力，在单边控制模式看来，如果出现分享权力的情况，那将是一件糟糕的事情。

当你采用单边控制模式与他人共事时，如果其他人的看法与你有别，你马上会看到这三重威胁：

- ◆ 我了解情况，而你并不了解；
- ◆ 我是对的，而你是错的。
- ◆ 我要赢。

结果是，你保留领导团队的所有职责并对最终结果担责。所以，你出面主持讨论，纠正团队成员的想法，就他们之间的不同看法做出裁决。如果你是团队中的一员，你指望团队领导履行上述职责。面对挑战时，人们会自动启用单边控制模式。在事关重大利益面前，这将决定他们的行为方式，哪怕他们口中标榜的是交互学习模式。这就是他们在后台运行的操作系统。

| 为何单边控制模式带来的结果是你极力希望避免的

单边控制模式必然带来单边控制式的行为，其结果经常是大家所不希望见到的。团队原本期望做出高质量决策并希望大家对此做出承诺，但是费尽心思拿到手的是糟糕的决策，大家都不愿对此做出承诺。团队原本期望改善工作关系并提升员工幸福感，采用单边控制模式的员工却把彼此的工作关系弄得糟糕透顶，给自己和他人带来重重压力。

当面对这些不曾预想的结果时，你惊讶无比。你绝不希望做出糟糕决策、抵制变革、身陷防御之中或重重压力之下。是你造成了这些结果或至少需要对这些结果担负一定责任。正如系统论的信奉者所说的那样，"系统被设计得完美无缺以取得预期的结果"。这就是为何单边控制模式的操作系统让你更为高效、更为熟练地产生这些糟糕结果。

这些出乎意料的时刻是送给你的"礼物"，提醒你要心怀好奇并从中吸取教训。遗憾的是，很少有人愿意敞开胸怀拥抱这个"礼物"并心怀好奇地打开它。绝大部分人只会责备他人，指出其中的错误之处。那些想避开这些麻烦的人会认定正是他们的行为造成了这些问题，所以，他们需要改变自己的行为方式。例如，认定你的直接下属变得沉默寡言或陷入防御的原因是你直接告诉他们你的想法，所以，第二天开会时，你转为向他们不停提问并淡化自己的观点。但是，从告诉他人你的观点转为询问他人的观点，这不过是用一种低效策略代替另一种低效策略而已。围坐在会议桌四周的人们把你的转变看成你的计谋，他们或不发一言，或揣度你的真实想法，然后反戈一击。仅仅转变你的行为或策略只会让你得到类似之前的糟糕结果，虽然其中所用的手法各不相同。简而言之，你努力改变行为的想法却让你在毫不知情的情况下强化了你的单边控制模式。

你的行为不是那些不曾预想的结果的根源。问题的根源在于你的心智模式。只要依然采用单边控制模式，你很难始终如一地产生你所期盼的长期结果。你背后的价值观与假设（见图 2.1）会不断把你绊倒。

心智模式

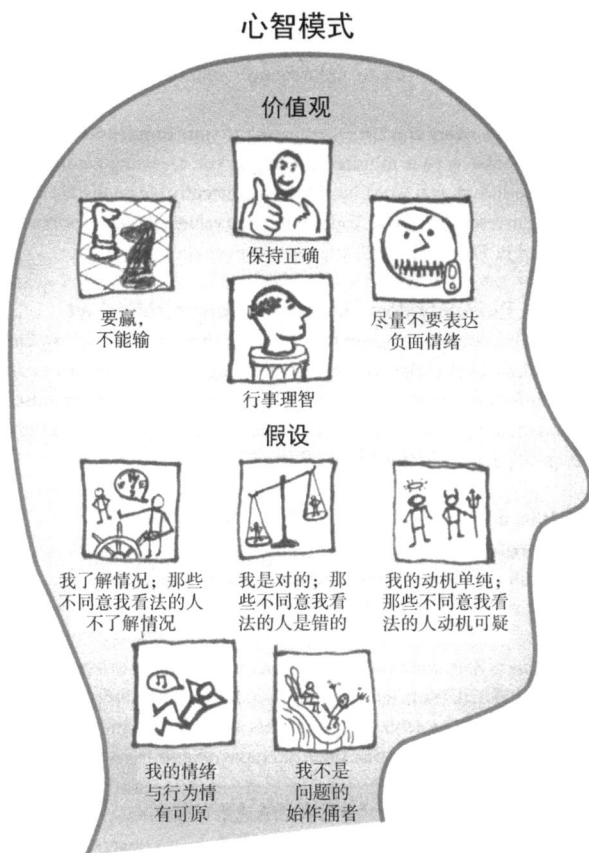

图 2.1 单边控制模式的核心价值观与假设

内嵌在单边控制模式中的价值观

所谓价值观，是指其信奉者认为值得付出努力并孜孜以求的最终状态。如果把心智模式比作人们头脑中的操作系统，那么价值观就是人们做出判断和采取行动的标准。采用单边控制模式意味着你在不同程度上将这些价值观混合在一起，而这些价值观将在你毫不知情的情况下指导你的行为：

◆ 要赢，不能输。

◆ 保持正确。

◆ 尽量不要表达负面情绪。

◆ 行事理智。

价值观 1：要赢，不能输。无论是个人还是团队或组织，设立目标是保持高效的前提条件。但对于单边控制模式而言，你看重的是达成你的目标，因为这是你设立的。你发现自己正在努力寻找取胜之道，希望压倒团队之中的同事或其他人。你把当前局面看成一争高低的竞赛，其中必有输家，有赢家，而你看重的只有取胜。当观察或倾听他人时，你会私下评估他们是有助于你达成目标还是妨碍你达成目标。

只要其他人没有支持你的观点，你就会把他们的言辞或做法一律看成你前进道路上的障碍。只要改变目标或达成目标的方式与你原本的构想有别，在你看来，这都是输的表现。

价值观 2：保持正确。保持正确是"要赢，不能输"的必然结果。当你看重这点时，你会深以为傲地向其他人展现你的观点是多么正确。当你想过或说过"我早就告诉过你这点"或"我知道这会发生的"时，如果你能从中体会到满足感，那么你就能明白"保持正确"的滋味了。

价值观 3：尽量不要表达负面情绪。尽量不要表达负面情绪意味着把不愉快的感受摒除在对话之外，无论该感受来自你本人还是来自其他人。这一价值观来自这样的信念——表达愤怒或沮丧或允许其他人这么做是无能的表现。表达负面情绪可能被看成懦弱的表现或伤害他人情感的信号，这会让你难以达成目标。一句话，你认为允许人们表达自身的感受于事无补，这只让精神紧张，对你的感知能力带来伤害，或者让大家的工作关系变得更为紧张。

价值观 4：**行事理智**。你越是看重行事理智，你越是期望自己或其他人完全基于分析与逻辑行事。你认为，只要你把事实呈现出来，所有通情达理的人都会赞成你的看法。你试图用完全客观的方式来表述问题，却不考虑你本人或其他人对此话题的感受。你把感受看成解决问题与做出良好决策的障碍，而不是重要的信息之源。你越是看重行事理智，你越是希望被大家看成深思熟虑之人。当你发现自己的思考存在不足时，你会阻止其他人，因为你不想暴露自己的不足。

内嵌在单边控制模式中的假设

保持单边控制模式意味着做出如下假设：

◆ 我了解情况；那些不同意我看法的人不了解情况。

◆ 我是对的；那些不同意我看法的人是错的。

◆ 我的动机单纯；那些不同意我看法的人动机可疑。

◆ 我的情绪与行为情有可原。

◆ 我不是问题的始作俑者。

假设 1：我了解情况；那些不同意我看法的人不了解情况。这个假设认为你就当前情况所分享的信息与看法是正确且完整的，你从中得出的结论也是如此。换言之，你对事物的看法就是事物本身。如果你的团队成员持有不同看法，那么意味着他们没有了解情况，或者混淆了信息，或者信息来源有误，或者没有厘清头绪。如果他们理解了你的看法，他们就会表示赞同。

如果你的团队成员持有不同看法，那么意味着他们没有了解情况，或者混淆了信息，或者信息来源有误，或者没有厘清头绪。如果他们理解了你的看法，他们就会表示赞同。

假设2：我是对的；那些不同意我看法的人是错的。 这个假设是第一个假设的延伸。你假设在目前的情境中，如果大家对于情况的理解不一样，你的看法当然是对的那个，那些反对你看法的人或持有不同看法的人当然是错的一方。当持有这一假设时，你和那些不同意你看法的人不可能都是正确的。

假设3：我的动机单纯；那些不同意我看法的人动机可疑。 你把自己看成真理的不懈追求者。你所做的一切都是为了确保团队或组织的利益最大化。与此同时，你质疑那些不同意你看法的人的动机。你认为他们可能被自己的私利或其他不合适的关注点所绑架。他们或是为了增加自己的权势，或是希望控制更多的资源，或是为了削弱你付出的努力。

假设4：我的情绪与行为情有可原。 因为其他人并不了解实际情况（其实是与你的看法有别），因为他们是错的，因为他们的动机可疑，所以，你认为自己的情绪与行为情有可原。如果你感到恼怒或生气，如果你需要阻止某人达成目标或你断然把某人踢出这个项目，你的所有行为都是情有可原的。虽然你不太愿意做这些事情，但是其他人的所作所为让你别无选择。

假设5：我不是问题的始作俑者。 基于单边控制模式，你把自己源自这一模式的情绪与行为看成其他人对你采取行动的自然而然的结果且不可避免。你并未考虑自己恰好是问题的始作俑者这一可能性，虽然你私下（当然，也有可能是公开）对此问题抱怨不已。你从未想过你的想法与感受可能让你行事无效。在你看来，所有的互动是这样的：其他人行事无效，所以你对他们的错误做出的回应情有可原，也是合适的。结果是，你认为其他人需要做出改变，而不是你需要做出改变。你认为自己唯一需要改变的是，你需要找到新的方式来帮助其他人更好地改变他们的低效行为。

> 你并未考虑自己恰好是问题的始作俑者这一可能性，虽然你私下（当然，也有可能是公开）对此问题抱怨不已。

识别你自身的单边控制心智模式

你是否从其他团队成员身上看到这一心智模式（价值观与假设）运行的蛛丝马迹？你很有可能看到。那在你自己身上呢？你很难发现自己正在使用单边控制模式，因为你的心智模式经常在后台运行，你丝毫没有觉察到这点。你可以看到其带来的影响：正如你可以看到该模式在其他人身上运行的踪迹，那些与你共事的人也可以看到这一模式在你身上留下的烙印。为了改变这一模式，你需要发现自己正在使用这一模式。

你可以做些什么

如果你希望知道自己是否使用单边控制模式，请回答如下提问：

◆ 如果我的同事持有不同看法，我是否认为他们并不了解情况而我了解呢？

◆ 当团队推进某项工作遇到困难时，我是否认为自己不是问题的始作俑者呢?

◆ 当我和团队成员一起共事时,我是否努力说服他们接受我提议
的解决方案而不是理解他们提出的解决方案呢?

如果你有教练或信得过的顾问,他们曾观察你与团队成员一起工作
的情形,你可以要求他们就你的领导方式提供反馈来检验你的回答,当
然,你需解释你这么做的缘由。向他们展示这三个提问,要求他们回答
并举例说明。请记住,如果你的顾问没有给你提供任何实例,这并不意
味着你没有采用单边控制模式。这可能说明你的顾问也是基于单边控制
模式行事,或者他尽量避免表达负面情绪并回避让你感到难堪的话题,
当然也有可能是他对你的单边控制模式的领导方式熟视无睹。

理想的情况是,你与团队成员开展以上对话。他们最了解你与他
们的共事方式,而希望提升团队领导力的是你本人。但是在这个时点
上,你的心智模式或技能尚未准备就位,这让你难以展开有效对话。
如果你基于单边控制模式行事,当团队成员告诉你这些信息时,你会
轻而易举地陷入防御并关闭对话大门或采用其他回应方式,这会带来
其他问题。在未来的某个时点上,你将与团队成员开展一次重要对
话。但是,如果你希望与团队成员即刻开展这一对话,你可邀请富有
经验的引导师来帮助你与团队成员开展这一对话,当然,最好聘请采
用交互学习模式的引导师。

单边控制模式的行为

你使用你的心智模式,也就是你的核心价值观与假设来指导你的
行为。这体现在你与他人的交谈之中,或者在你发送邮件及做出决策
时。当参加某次会议时,你认定只有你了解情况,你的看法是对的,
而那些不同意你看法的人不了解情况,他们的看法是错的,所以你需

要说服其他人相信你的看法。图 2.2 总结了你所展现出来的八种行为。
以下是每种行为及其结果的概述。

行为

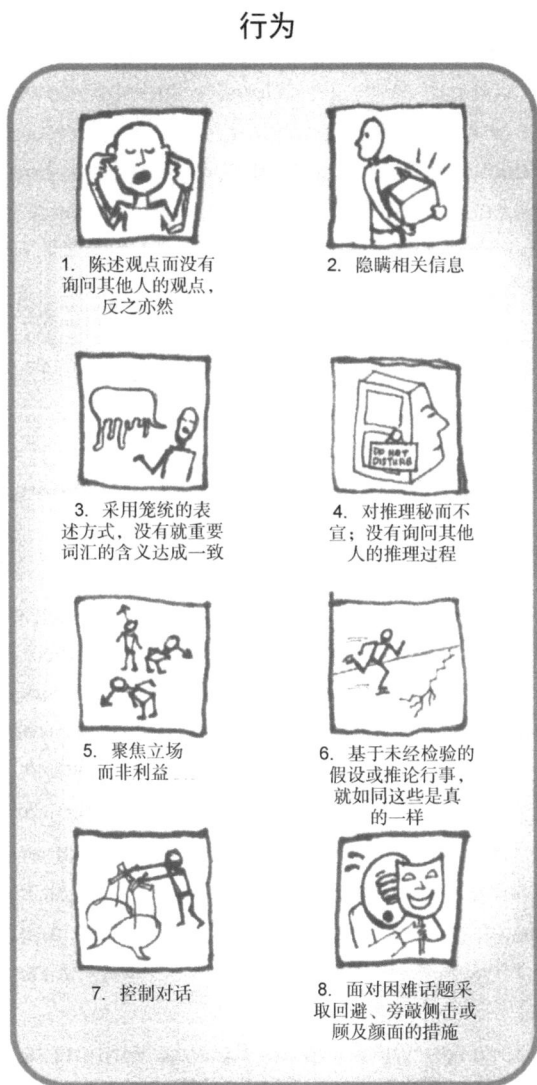

1. 陈述观点而没有询问其他人的观点，反之亦然

2. 隐瞒相关信息

3. 采用笼统的表述方式，没有就重要词汇的含义达成一致

4. 对推理秘而不宣；没有询问其他人的推理过程

5. 聚焦立场而非利益

6. 基于未经检验的假设或推论行事，就如同这些是真的一样

7. 控制对话

8. 面对困难话题采取回避、旁敲侧击或顾及颜面的措施

图 2.2　单边控制模式的八种行为

1.陈述观点而没有询问其他人的观点，反之亦然。这意味着你独

自陈述自己的观点而没有询问他人的观点，或者你询问他人的观点而将自己的观点隐藏起来。也就是说，陈述与发问并未同步进行。其结果是，你和你的团队自说自话，你们并未达成真正的一致。

2．**隐瞒相关信息**。因为获胜是压倒一切的目标，所以你所分享的信息是为你的观点呐喊助威的，而对那些与你的观点有别的信息你则会隐瞒。其结果是，你和你的团队做出的决策忽略了本应考虑的相关信息。

3．**采用笼统的表述方式，没有就重要词汇的含义达成一致**。当你做出笼统的陈述时，如"我希望你们之中的某些人能得到提升"，团队成员并不知道你在谈论什么，也不知道所谓"提升"的具体含义是什么。其结果是团队没能满足你的需求。

4．**对推理秘而不宣；没有询问其他人的推理过程**。你没有解释你这么表述及这么提问的缘由。分享你的推理会让你在他人面前变得脆弱，一旦他们挑战你的想法，这会降低你获胜的概率。询问其他人的推理过程可能浮现出某些与你观点相悖的信息，而这有可能增加他人要求你解释你的观点的可能性。这都会降低你获胜的概率。

5．**聚焦立场而非利益**。聚焦特定的解决方案而不是解决方案背后的利益，你和团队为立场所困却没有找到可满足团队成员利益的解决方案并达成广泛的共识。

6．**基于未经检验的假设或推论行事，就如同这些是真的一样**。因为你假设你了解情况并且你的观点是对的，你没有必要检验假设或你做出的推论。其结果是，你和你的团队基于错误的信息做出决策。

7．**控制对话**。为了确保获胜，你想方设法让对话行进在你期望的方向上。你确保大家谈论的话题在你看来是相关的，而且可深化你的观点。当他们没有这么做时，你会想办法把他们拽回来。其结果是，你并未收集到所有相关信息并获得承诺。

8. 面对困难话题采取回避、旁敲侧击或顾及颜面的措施。因为你希望尽量避免表达负面情绪，所以你没有提出可能让其他人或你本人感到不适的话题。其结果是，你和你的团队没有触及问题的根本原因。

你可以做些什么

你是否识别出团队成员身上存在这八种行为？你自己呢？

告诉所有团队成员，你希望他们对你作为团队领导所表现出来的行为提供反馈。你可以告诉他们，你希望了解自己的行事方式是否存在不尽如人意之处，请他们提供具体的例子来说明你曾表现出这八种行为中的任何一种，无论是在挑战性时刻还是在相对正常的情形之中。请记住，如果他们没能提供具体的例子，这并不意味着你没有表现出这些行为。这可能是他们也在使用单边控制模式，或者他们希望尽量减少负面情绪的表达，或者回避那些让你感到难堪的话题。

单边控制模式的结果

心智模式决定行为，而行为导致结果。遗憾的是，单边控制模式及其行为所产生的结果恰好是绝大部分人极力希望避免的。你本想打造一支高绩效团队，但是你实际取得的绩效乏善可陈。你本希望改善工作关系，但是你发现工作关系紧张。你本希望提升员工个人的幸福感，但是你给自己和他人带来压力。图2.3总结了这些结果。

结果

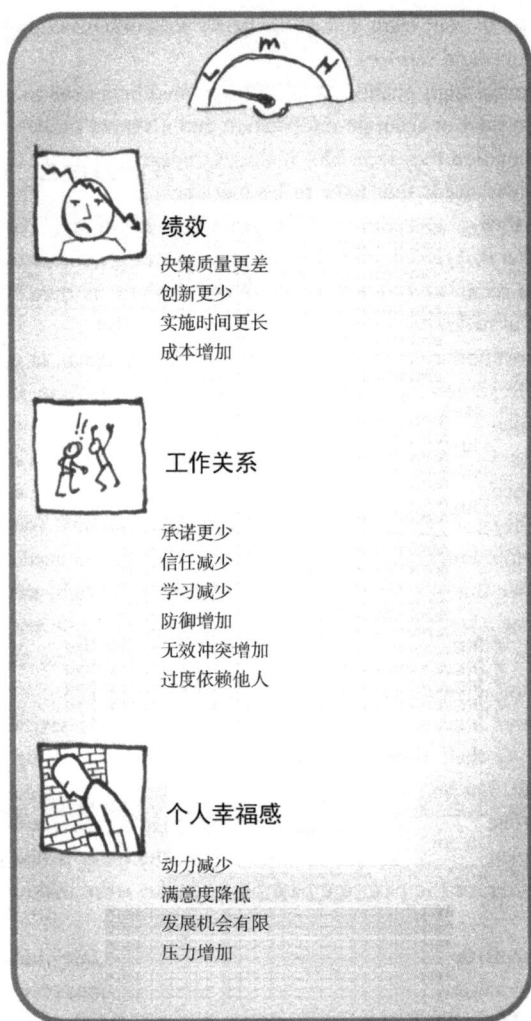

绩效

决策质量更差
创新更少
实施时间更长
成本增加

工作关系

承诺更少
信任减少
学习减少
防御增加
无效冲突增加
过度依赖他人

个人幸福感

动力减少
满意度降低
发展机会有限
压力增加

图 2.3　单边控制模式的结果

绩效

领导所期望的主要成果是更好的团队绩效：决策质量更高，创新更多，实施时间更短及成本开支更少。这也是团队得以存在的原因，因为这些结果是个人单打独斗难以实现的。这也是大部分领导谋划打造高绩效团队时所期望实现的目标。但是如果你使用单边控制模式来改善团队绩效，结果往往是令人失望的。

决策质量更差、创新更少。高管团队并不生产产品或提供服务，他们做出决策。某些决策是战略性决策，某些决策是运营性决策。团队做出决策的质量越高，组织交付产品和服务的水平越高。

为了做出高质量的决策，团队成员需要建立一个由准确信息组成的共享信息库并就大家所面对的情况达成共识。这包括理解需要满足的不同利益相关者的需求并制定解决方案来满足这些需求。但是，当团队成员试图说服另一方他们的看法是错的而自己这一方的看法是对的时，团队做出更为糟糕的决策就不足为奇了，因为能干的团队成员本可独自做出不错的决策。

创新意味着诞生富有新意、原创色彩浓厚或富有创意的想法。为了做到创新，团队需要觉察并挑战之前决策中那些束缚他们手脚的既定假设。基于单边控制模式行事的团队是难以发现自身的假设的，更不用说挑战这些假设了。他们无法打破常规。为了发现并探讨如何打破这些限制性假设，团队成员彼此需要建立信任。但是，如果有人坚信自己是对的，而另一方是错的，哪怕有人构思出与众不同甚至是疯狂的创意，他们经常因信任度不够或感到不够安全而宁愿选择一言不发，虽然这些想法的确可以带来创新。

实施时间更长。团队经常希望通过压缩决策时间的方式来节约时间。这一想法原本没错，但是有效团队不会拼命压缩做出决策的时间，相反，他们会尽量减少达成共识及付诸实施的时间。如果只关注其中的一点而不去顾及其他，这就好比一位飞行员向乘客宣布："我们迷航

了，但是我们正在为大家提供一段美妙的飞行之旅。"

系统思考有这样的说法"欲速则不达"。低效团队往往偏离这一重要思想。你的团队可能很快做出决策，但事后发现决策并未考虑一些重要信息或满足关键性需求。团队不得不因为以下种种原因而延长实施时间：

◆ 做出的决策缺乏与关键需求相关的信息。

◆ 在各类事项尚未澄清之前就做出决策并付诸实施，但大家尚未全面理解做出决策背后的原因，为此，大家无法在实施之中有效履行他们各自的职责。

◆ 在规划阶段，鼓励或允许团队成员隐瞒那些有助于理解项目的信息，但在实施阶段因他们分享了这些信息而奖励他们，只是为时已晚。

◆ 决策付诸实施之前并没有获得团队成员的足够承诺与支持。

有时你所在的团队需要耗费非常长的时间才能做出决策，有时甚至根本无法做出决策。团队可能陷入僵局或走入死胡同，只得一次又一次反复讨论，就像电影《土拨鼠之日》(Groundhog Day) 中的情节一样。开始时，约翰·哈雷团队除了遭遇了其他麻烦，他们还染上了"土拨鼠之日综合征"(Groundhog Day syndrome)。由于大家不得不一再重新回到新战略的讨论上，组织不得不延长实施的时间，而绩效也难以令人满意。

成本增加。质量更低的决策、更少的创新与更长的实施时间经常导致成本增加。由于没有探讨需要做些什么及不需要做些什么背后的假设，糟糕与创新不足的解决方案将更为昂贵。你的团队不得不耗费更多的时间去重新讨论之前已经达成的共识，而更长的实施时间必然增加成本。某能源公司发现由于其财务团队未能与内部的项目团队密切合作，每个月资金需求预测误差高达 90%，这导致公司不得不借款满足资金的需求，由此产生的利息每月高达 4.5 亿美元。

某全球性运输公司发现其持有的过量库存金额高达 2.5 亿美元。当我询问副总裁这是否与供应链等技术性因素有关时，他否定了这一说法。他认为这与团队未能协同作战有关。

工作关系

高效团队的领导希望在团队内外打造高效关系。随着时间推移，高效团队不断改进其成员的共事方式。但是，当团队成员基于单边控制模式行事时，大家的工作关系将不断恶化。如果你的团队没能建立强有力的工作关系，那么团队成员开展工作时就会尽量减少采用团队这种方式或为彼此提供协助。他们把团队看成完成目标的障碍。他们认为开会是浪费时间，所以参与度不高。在他们眼里，找到事关团队前途的答案是团队领导的职责。所以，单边控制模式减少了承诺，恶化了工作关系，减少了团队学习并让团队成员之间的依存关系变得不是那么合适。时间一长，团队将损失一些顶尖人才。正如老话所说，人们选择某份工作是出于对组织的热爱，而人们离开那份工作是因为他们的上司，但是，真正的罪魁祸首可能是上司的心智模式。

承诺更少。落实关键决策离不开团队的承诺。但是，当你和某些团队成员所推动的解决方案没有顾及其他团队成员的关注点时，那些感到组织需求没有得到满足的团队成员给出的承诺更少。一旦团队成员认为他们没有获得所有的相关信息，他们给出的承诺必然减少。虽然他们口口声声表示会落实决策，但其实他们并没有兑现承诺。一旦承诺减少，你有可能发现自己不得不亲自出面监督团队成员，确保他们履行职责。这意味着你不得不付出额外的时间与精力。随着时间的推移，如果减少承诺的不利影响不断扩大，团队提出的解决方案将难以得到实施，而实施时间也不断增加。

信任减少。一旦团队成员自认为他们的看法是对的，而不同意他们看法的人是错的，而且这些人的动机可疑，他们便不再给予彼此足够的信任。如果他们没有分享相关信息，对自己的推理过程秘而不宣，那么他们私下里会开始质疑彼此的反应与动机，并就他人所采取的行动未能体现团队的最高利益编排故事。他们将信息看成权力的一部分，只与那些信得过的人分享信息，对于那些信不过的人则守口如瓶，而不是寻找达成共识和付诸行动的方法。所有上述行为撕裂了赋予团队力量的社会肌理。

学习减少、防御增加、无效冲突增加。团队的学习速度越快，越能更快地预测到团队内外环境出现的变化并做出回应。如果团队未能持续学习如何一起开展工作来产生更好的结果，那么团队与组织就无法在其投资上获得全面回报。只要单边控制模式占据上风，团队就无法从其过往的经验中学习，而只会不断重复犯错，团队成员将只关注如何取胜，并把注意力聚焦在自己的立场上。一旦他们认定自己的看法是对的，而不同意他们看法的人没有了解情况或立场是错的，那么他们无意从他人那里学习。相反，他们把自己的假设与推论看成事实，这会加深误解。因为他们把自己的感受与行为看成是情有可原的，他们认为自己不是问题的始作俑者，他们会责备其他人的错误与防御心理。

简单地说，当团队中有两人或更多人采取的行动与解决方案不一致时，团队成员将陷入冲突中。基于单边控制模式行事，他们把冲突看成一争高低的比拼而不是大家一起寻找答案的谜题。如果团队无法有效解决冲突，他们或回避这些冲突，或平息这些冲突，或最终以争斗收尾。如果这些冲突无法得以解决，团队最终将陷入僵局或不断升级的冲突之中，也有可能以无人感到满意的妥协收尾，失败者或离心离德或谋划着如何东山再起。

如果团队之中出现无效冲突，你会看到团队将出现怎样的状况。所以，在思考如何应对团队成员（因为你认为他们选择的是另一个方向）的会议之前，你还需要召开另一次会议。在这次会议之后，你还需要组织一次会议，确保他们恪守承诺，如果他们的想法与你有别，你可能谋划如何进一步影响他们的想法或抵制他们的想法。所有这些努力并没有解决冲突，这只会削弱团队将来一起共事的能力。

过度依赖他人。在一个工作关系健康的团队之中，团队成员会适度依赖彼此。大家直接管理彼此的工作关系，而不需要团队领导或其他人出面担任协调人。

当团队成员将他们肩上的责任转移到其他人（如团队领导）身上时，单边控制模式的框架已在团队内部孕育出过度依赖的种子。如果肖恩与马勒都是你的团队成员，一天肖恩找到你，抱怨马勒支持团队力度不够，你可能同意出面代表肖恩与马勒沟通一下，而不是让肖恩直接出面解决他与马勒之间的问题。这么做的话，你会让团队成员对你产生不必要的依赖或过度依赖，也会降低肖恩为自己的行为担责的概率。

如果你发现自己花费太多时间管理团队成员之间的关系，而没有抽出足够的时间达成自己的目标，你可能担负了其他人想方设法转移给你的责任。结果是，你可能对自己或那些团队成员感到不满，而这会让工作关系变得越发紧张。

个人幸福感

团队结果的第三块领域是个人幸福感。在有效团队中，团队成员，其中包括正式领导，发现整个团队感觉良好而不是令人沮丧。他们发现工作让他们充满激情，他们享受手头的工作，而不是备感压力。在低效团队中，单边控制模式带来的结果恰好相反。

虽然团队领导担心所在团队工作意愿度不高，但某些领导短视地认为团队的整体福祉不过是可有可无的点缀之物而不是值得投资的事项。但如果团队成员工作动力不足，或者没有发现工作带来的乐趣，或者感到压力重重，最终，这必将损害工作关系与绩效，并给团队带来更多的挑战。

从短期来看，绝大部分团队成员愿意将自己的个人需求暂搁一旁来帮助团队与组织达成其目标。但是随着时间的推移，如果他们的个人需求没有得到满足，他们会感到焦虑、不堪重负或被人利用。他们感到自己的奉献多于所得，所以他们会疏离团队或变得难以相处。无论展现出何种行为，这都会损害团队达成目标的能力，并让工作关系变得紧张。

有时出于类似的原因，业绩出众但心怀不满的团队领导会离开团队或组织，这不利于团队的整体利益。在市场中占据领导地位的某计算机芯片公司的高管发现了这点，但是整个过程比较痛苦。该公司的许多高管因为拥有公司股票已经实现财务自由，他们可以随时退休，只要他们愿意。他们留下来的原因是他们热爱这份工作并享受工作给他们带来的挑战与兴奋感。但是不少高管私下告诉我他们正在考虑离开公司，而且有些人已经离开公司。虽然工作本身依然能够激发他们，但是团队成员之间的关系紧张，带来的结果是员工满意度下降，工作压力增大。从财务的角度来说，他们对公司已经无所求，他们决定另觅高枝，寻找一份重新点燃激情的工作。幸运的是，组织意识到如果这么多高管离开公司，公司将面临严重的人才流失问题，于是他们赶快调整策略，把员工的工作关系与员工幸福感放在首位。

你可能对这个故事嗤之以鼻，尤其是当你们的团队中还没有人富裕到足以退休的地步时。但是你会发现，如果员工感到他们的幸福指数不高，越来越多的人会选择离开公司。过往，人们对所在组织的忠诚度更高。部分原因是人们觉得自己与组织订立了社会契约：如果你努力为我们工作，对我们忠诚，我们将照顾你，给你提供一份稳定的工作。带着这一理解，人们愿意在相当长的一段时间里牺牲自己的幸福。但是如今，这样的思维范式早已一去不复返。近年来，各个层级的员工把社会契约看成没有有约束力的合同。公司与员工之间不再有任何保证，甚至连承诺都没有。领导及为他们工作的员工之间不再有之前的那般忠诚，大家也不再愿意牺牲自己的幸福。他们更愿意用自己的薪酬换取满足个人需求与喜好的生活。如果你忽略了这点，你会把团队置于危险之中。

▍单边控制模式是如何强化自身的

怪异的是，单边控制模式强化了你和团队原本极力希望避免的结果。当采用单边控制模式时，你得到的是黯然无光的结果。正如图 2.4 中的箭头所示，当取得这些结果时，你感到沮丧无比，这强化了你的看法：你了解情况而其他人不了解，你的感受和单边控制行为是情有

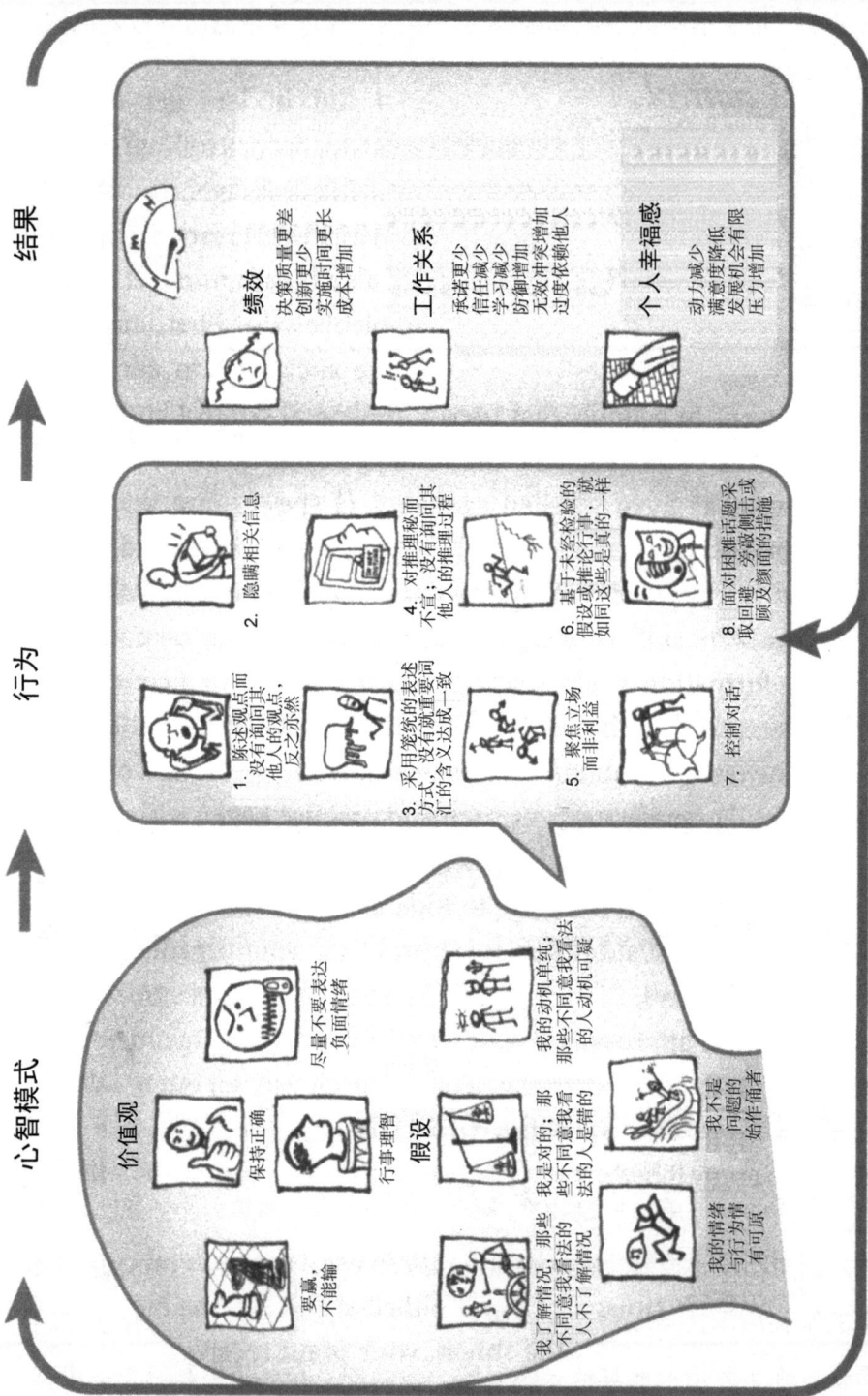

图 2.4　单边控制模式的恶性循环

可原的，你不是问题的始作俑者。如果团队其他成员按照你的要求去做，团队将取得他们期盼的结果。你的心智模式反过来强化了你的单边控制式行为。你认为自己用力越猛，取得的结果越好。但其实你用力越猛，这只会带来更多的糟糕结果，而这会进一步强化你的心智模式，你只好讪讪离开。你越是用力，产生的结果越糟。

与此同时，团队其他成员可能对团队结果感到沮丧不已。像你一样，他们希望使用单边控制模式去改变局面。他们的心智模式与行为会强化他们的单边控制模式。团队中每个人越是努力扭转局面，结果却越糟。

一旦你或你的团队采取单边控制模式，几乎毫无例外，你们总是真诚地认为你们正在为团队做正确的事情。

请记住，你并不需要刻意为之才可形成这一恶性循环。一旦你或你的团队采取单边控制模式，几乎毫无例外，你们总是真诚地认为你们正在为团队做正确的事情。

> 一旦你或你的团队采取单边控制模式，几乎毫无例外，你们总是真诚地认为你们正在为团队做正确的事情。

｜ 你有其他的选择吗

团队领导是如何陷入单边控制模式之中的？有可能改变吗？

人们采用单边控制模式的路径如下。首先，绝大部分人是通过与人接触得以学习这一模式的。绝大部分人所就读的学校采用单边控制模式，而绝大部分老师所展现的就是单边控制模式行为。虽然我们对此做出反抗（我曾多次"光临"校长办公室），但当我们高中毕业时，这一模式已经在我们身上驻足。当得到第一份工作时，我们已经熟练地通过兜圈子的方式来推销我们的观点；一旦发现所分享的信息与我们的需求相违，我们就对这些信息采取守口如瓶的方式；如果我们不喜欢这个话题，我们会把话头扯开。

我们加入的组织也是建立在单边控制模式之上的。领导力与管理研究及实践首先从控制行为开始。这一传统沿袭至今。但是我们的文化会用更为巧妙的表达方式来掩饰这点。我询问客户："你在你的组织中发现单边控制模式了吗？"几乎所有人都回答："是的。"我接着问："你在自己的行为中发现单边控制模式了吗？"绝大部分人回答："是的。"请记住，几乎没有人会刻意采用带来糟糕结果的操作系统。但是，我们就是这么做的。我们学会了如何更为娴熟地使用单边控制模式，满怀热情并坚定不移。

另外，当面临危险局面时，人们的大脑会自动启用单边控制模式。生物学的简化版本认为，当面对潜在威胁时，你的大脑通过两条不同的路径接受并分析输入的信号。一条路径是从你的眼睛及耳朵传到你的杏仁核，这部分大脑应对害怕与情绪性反应。杏仁核如同早期预警系统，让你的身体做好采取一切必要的准备，如逃跑、反击或隐藏自己。另一条路径是从你的眼睛及耳朵传到你的新皮质，这部分大脑负责高阶推理。新皮质让你去分析自己的感受，决定是否需要做出反应或如何做出反应。但是前往杏仁核的路径更快，所以，在新皮质决定是否做出干预前，杏仁核已经对信号做出了更快的反应。这意味着你的情绪做出反应的时间会比你思考所花的时间更短。

你可能好奇，为何大脑的运行机制是行动快于思考。从进化论的角度来说，这有利于人类生存。当我们的祖先遇到一个可能带来威胁的庞然大物时，如果他们首先选择逃跑而不是思考这一潜在威胁究竟是什么时，他们存活下来的概率更大。从危机管理的角度来看，这一做法也站得住脚。如果你看到一个明显的威胁，转身逃跑，但结果证明这不是什么威胁，你付出的代价不过是累得上气不接下气而已。如果你没有逃跑，威胁却是真的，那意味着你将丧失性命。所以，你的生理机制决定你宁可犯错，也要小心翼翼。虽然在今天的办公室里你很难见到威胁你生命的庞然大物，但你的杏仁核依然会对你接收到的威胁信号做出反应，就如同远古我们祖先感到生命受到威胁一样。

让我们回到计算机的比喻上。你可以说我们安装的是过时的生物硬件（杏仁核），这一硬件有时会给我们带来麻烦。但我们无法替换这一硬件（至少目前做不到，我本人可不想成为实验的小白鼠。）我们需要改变我们使用这一硬件的思考方式，我们可以通过改变心智模式来升级我们的操作系统。这意味着我们需要觉察我们当下使用的心智模式并合理地评估这是否切合当下时刻。即使在某些情况下使用单边控制模式是一个合理的选择，但是绝大部分人会过度使用这一模式。一旦你认识到其实还有更为有效的选择，哪怕在面临挑战的局面下，你也可以避免使用这一模式。

第三章

走出困境：交互学习模式

当基于单边控制模式行事时，我们很难想到还有其他选择。只有极少数团队领导会一直采用单边控制模式。大部分领导有时候也会采用另一种心智模式并取得更好的结果。这一模式就是交互学习模式。通过不断练习，人们发现，哪怕在极为挑战的情况之下，他们也能采用交互学习模式，而之前遇到这种情况时，他们会采用单边控制模式。简而言之，我们可以通过设计团队的结构让其支持并体现交互学习模式。

图 3.1 展示了交互学习模式的核心价值观与假设。你可将其与图 2.1 的单边控制模式的核心价值观与假设进行比较。

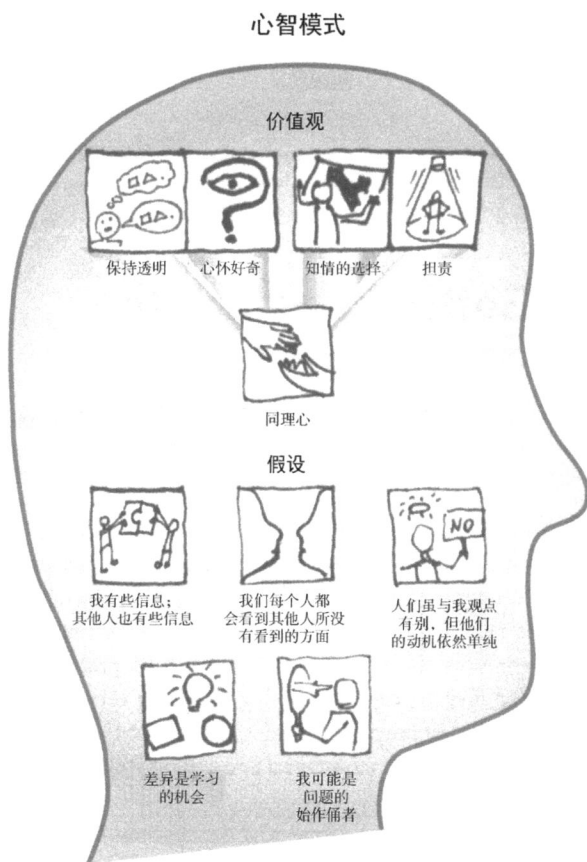

图 3.1　交互学习模式的核心价值观与假设

交互学习模式的价值观

让我们首先关注图 3.1 所介绍的五种核心价值观。前两种是互为补充的一对价值观。

保持透明与心怀好奇：为取得更好的结果而创建信息共享池

保持透明与心怀好奇可以帮助你在你和他人之间创建信息共享池，与他人达成共识。作为团队领导，一旦采用交互学习模式，你所做的一切都依赖于上述二者的结合。当你保持透明时，其他人可了解你知道些什么、想些什么及你的感受。当你心怀好奇时，你可了解其他人知道些什么、想些什么及他们的感受。

保持透明意味着你在合适的时间，与合适的对象共享所有相关信息，其中包括你的想法、感受与策略。这意味着你要解释为何要这么说，为何要这么问，以及为何要这么做。

如果你认为等到下个季度才可启动某个项目，那么你可以解释你是如何得出这一结论的。也许你可以这么说："我认为一定要等到下个季度才可启动这个项目，只有到那个时刻一些关键员工才可以到岗。另外，市场需求尚未被激发，如果等到下个季度启动，我们不仅可以获得所需的人才，还能够抢占市场先机。等到下个季度再启动，大家认为有什么问题吗？"

如果你询问员工他们是否在昨天按时提交报告，你可以解释你为何想知道这一信息："我这么问的原因是我需要在今天营业结束前给嘉恩提交一份报告。"或者"我这么问的原因是如果你还没有完成的话，我还可以添加一些最新的数字。"

你的解释可以帮助其他人理解你真正关心的是什么。如果你认为会议偏离轨道，而你想把会议拉回来，与其单方面把话题拉回到你认为的轨道上，不如这么说："看起来我们在尝试解决这些运营问题，但我认为这不是会议的目的。我认为今天讨论的话题是确定需要讨论的议题有哪些并就负题的负责人达成共识。大家是否有不同的看法？"

保持透明如此重要，原因是你意识到其他团队成员无法知道你的想法是什么，而知道每个人的想法对于收集所有信息并把工作往前推进非常必要。如果团队成员看法不一，保持透明尤其关键。

如果采用单边控制模式，你很难做到保持透明。因为这么做意味着你不得不分享与你的解决方案相违的信息，透露你提问背后的真正动机，揭示你的真实想法即你希望单方面控制局面。当采用交互学习模式时，保持透明其实可提升你的有效性并对你的策略起到推进作用，因为你的策略是共同学习而不是控制局面。

当我与团队领导沟通保持透明这一价值观时，有时某些领导会这么回应："我是透明的，我心里怎么想，嘴上就会怎么说。"但是，保持透明并不只是告诉人们你的实际想法那么简单。你必须思考告知方式是否有助于分享。每个人对于同事都有自己的看法，有时，如果大家直接说出对于其他同事的看法，这无助于事。这么分享不是保持透明，而是逼迫对方陷入防御或产生无效冲突。

> 但是，保持透明并不只是告诉人们你的实际想法那么简单。你必须思考告知方式是否有助于分享。

某软件公司 CEO 习惯性地告诉团队成员他的想法，其中包括他认为团队中哪些成员不够聪明，哪些成员不知道如何管理自己负责的那部分业务。于是，团队成员学会了不要与 CEO 心怀异见；只要可能，尽量回避与他碰面。最终，数位团队成员离开公司，因为他们感到公司的氛围非常糟糕。

心怀好奇是保持透明的伙伴。当保持透明时，你分享的信息有助于其他人了解你的想法。当心怀好奇时，你的提问有助于你了解其他人的想法。

如果你意识到自己只拥有整个拼图中的数个拼图块，而其他人拥有其他拼图块，你会心怀好奇并希望了解更多信息。你认识到，自己对其他人的看法至多不过是有依据的推测而已，为了了解事情的真相，你需要提问。

心怀好奇的运行机制非常简单：就不知道答案的事项提问。如果你好奇为何你的团队成员所研究的并购项目看似与组织的发展战略并不一致，你可这么询问他们："我不知道这个并购项目是否与公司的发展战略及切入新市场的战略保持一致？"

培养心怀好奇的心智模式远比理解其运行机制更困难。在面对挑战性局面时，认定自己的理解与看法是对的，而持有不同看法的人或没有了解情况或看法有误，这是人的天性。当你感到奇怪，为何其他人对于如此显而易见的局面却看不明白时，心怀好奇让步于沮丧，所以，映入你脑海的提问不再是心怀好奇，而是带有挑衅的味道，提问的目的是强调自己的观点："你认为那种方式行不通，对吗？"或"如果你多动脑筋思考一下的话，你会得出什么样的看法？"

保持透明与心怀好奇的威力

许多研究者发现，保持透明与心怀好奇的领导可催生交互学习模式的三大好处：绩效改善，更好的工作关系与更高的个人幸福感。保持透明可带来如下好处：

- 团队成员彼此分享更多信息的团队绩效更佳。
- 当团队领导更透明时，团队成员将更能接受组织发起的艰难变革，这是缩短实施时间的关键因素。
- 当团队成员彼此保持透明时，他们能打造出互相协作的文化并认为自己所在的团队更为有效。
- 如果团队内部层级比较多，保持透明可让权力较少的员工勇于表达自己的看法，实施新技术变革的团队也更有可能取得成功。
- 如果大家可清晰地分享自己的推理过程，由医生组成的团队就能更准确地诊断出患者的病因。
- 如果团队成员彼此分享更多的信息，无效的冲突就会减少。

保持透明甚至能减少法律诉讼的数量和成本。一项研究发现，如果医生马上承认医疗错误并真诚道歉，且医院赔偿公平，则医院的法律应诉成本以及为了达成和解所付出的代价可减少 2/3，而处理相关案件的时间可缩短一半。在 37 起案例中，一旦医院承认了本可避免的错误并道歉，只有一位病人会起诉医院。这表明绝大部分病人起诉医院不是因为医院最初所犯的错误，而是医院试图掩盖这些错误的做法。

如果团队成员彼此可分享更多信息，那么他们之间的信任度会更高，这是团队成功的关键因素。

- 组织研究专家詹姆斯·奥图尔（James O'Toole）把信任称为"团队中把员工绑在一起的黏性最强的胶水"。信任要求诚实与透明。领导力研究专家库泽斯（Kouzes）与波斯纳（Posner）所主持的调研表明，诚实是经理眼中的老板所需具备的最重要的品行。

◆ 但是，团队领导与团队成员有时无法直接建立信任关系，信任是他们的行为与互动的结果。

◆ 保持透明的团队领导可在团队成员中注入最高水准的信任。

◆ 在个人层面，保持透明与员工更为强烈的工作意愿及工作满意度紧密联系在一起。

有关心怀好奇：

◆ 团队成员的好奇心越强，他们的创意就越多，业绩表现就越好。

◆ 经理的好奇心越强，解决复杂问题的效率就越高。他们发现问题解决起来更容易了，收集到的与问题有关的信息更多了，解决方案涉及的问题方面更多了，也更有可能避免在解决复杂问题的过程中因采取不当的行动造成的危害。

◆ 好奇心有助于在工作场所营造良好的学习氛围并带来更好的工作绩效。

◆ 如果人们心怀好奇，他们就能做出更好的决策，哪怕他们的工作环境出现不可预测的变化。

心怀好奇的员工可与其他员工产生更有效的互动：

◆ 他们对于自己的想法更不容易采取武断的方式，更乐意考虑不同观点，更有可能考虑其他人提出的理由的合理性。

◆ 面对各种情况他们更有可能保持开放的心态，相比于那些不是那么好奇的员工，他们逃避、否定冲突的可能性更低。

相反，当人们了解到的新信息与他们的看法不一致时，好奇心不强的员工会感觉受到某种程度的"威胁"。他们很快由信任转为不信任，而且很容易陷入"非黑即白"的思维之中。所有这些会让管理复杂局面及快速扭转局面变得更加困难。

心怀好奇的人们有如下收获：

◆ 面对不确定性，他们的容忍度更高。

◆ 更善于捕捉其他人的情绪变化并与其他人建立连接。

◆ 哪怕工作关系复杂微妙，存有猜忌，他们依然应对自如。当处于情绪激烈、充满挑战的谈判之中时，心怀好奇给他们带来优势，因为他们依然可以做到保持开放并与他人建立情感连接。

◆ 不仅问许多问题，而且通过分享与自己有关的信息作为回应。

◆ 在事关其他人的需求与利益的谈判中，他们更能保持好奇心，也更有可能为双方争取更多。

◆ 他们的幸福指数更高，在生活中更能体会到满足感与人生意义。

既保持透明又心怀好奇

保持透明与心怀好奇需要并肩而行，不分彼此，因为谁也离不开谁。研究表明，在更高效的团队之中，团队成员在保持透明与心怀好奇之间游走，而不是拘泥于其中的一个方面。既保持透明又心怀好奇，你可以了解其他人的想法，与此同时，他们也能了解你的想法。这有利于达成做出决策所必需的共识并生成承诺。

知情的选择与担责：为了做出更好的决策并获得承诺

基于保持透明与心怀好奇所打造的信息共享池虽然必要，但尚不足够。与你共事的同事需要将这些信息转化为人们能够且愿意执行的决策。这是知情的选择与担责可发挥的作用。

知情的选择意味着所做出的决策（以及最大化其他人做出决策的能力）是基于保持透明与心怀好奇而产生的信息。当看重知情的选择时，你营造了适宜的环境，其中决策是基于共享的信息。不仅你了解相关情况，那些与你共事的人也了解相关情况。当你们的团队做出知情的选择时，他们对决策的承诺度更高。

知情的选择并不意味着团队中每个人都需要参与到他们希望参与的决策之中，更不需要所有人都要做出决策。交互学习模式并没有剥夺团队正式领导做出决策的权利和义务。在交互学习模式看来，团队领导依然拥有做出决策的各种选择，无论是独立做出决策，还是通过达成一致做出决策。但是，采用交互学习模式意味着你看重的是，尽量让每个人做出知情的选择。人们偏爱那些他们能够施加影响的决策。

当你基于单边控制模式行事时，知情的选择将威胁你的取胜机会：当人们做出知情的选择时，他们做出的选择可能与你期望的不一样。但是当你基于交互学习模式行事时，你发现为大家尽量提供知情的选择可增加做出良好决策的概率，而团队也愿意对决策担责。

在尚未做出最终决策之前，你应提供知情的选择。无论是在整个会议之中，还是在对话之中或项目之中，成百上千个微小决策摆在你面前：邀请谁出席会议？谁能看到哪些信息？谁来发言？需要考虑哪些想法？不需要考虑哪些想法？如果你看重知情的选择，你需要在每个微小的决策中体现这一价值观。

担责是知情的选择的伙伴。当人们做出知情的选择时，他们会为自己做出的决策担责。领导的担责意味着三个期望：

◆ 你心甘情愿地接受你的领导职位所赋予你的职责：为组织的整

体利益而工作。

◆ 你期望你的名字与你的行动、话语或反应公开地联系在一起。

◆ 你期望被人问及你的信念、决定、承诺或你对团队、他人采取的行动，你乐意对此做出解释。

担责可能首先让你联想到你愿意接受你的正式职位所赋予你的职责。你需要为决策所带来的短期或长期后果担责，这是你职责中的一部分。请留意，虽然你需要为一位或数位团队成员担责，但是你担责的目的不是满足他们的需求，甚至团队的需求，而是满足组织的利益。这一相对独立的参照点对于评估你的行动非常关键。

让你的名字与你的行动、话语或反应公开地联系在一起，这意味着人们可轻而易举地知道哪些表述、行为或决策是你的表述、行为或决策。这一担责表现形式看似貌不惊人，却威力非凡。这就是"这已经决定了"与"我已经决定了"之间的区别，这也是"不要告诉任何人这是我说的"与"如果你与任何人谈及此事，请让他们知道我的表述是什么"之间的区别。

担责也意味着人们期待你出面解释你的理由、决策或你对其他人采取的行动。只是告诉其他人你说了些什么，做了些什么或你做出了什么样的决策，这是不够的。通过帮助其他人理解你的想法，你降低了其他人就你的意图编造故事的概率。

学生时代，我姐姐曾在公告栏上张贴了一张纸，上面有一段话，这段话来自一首诗（我忘记了作者是谁）。这段话体现了单边控制模式出现问题的原因。"对于那些我们看重的人，我们给出解释；对于那些我们不看重的人，我们没有给出解释。恰好是那些我们不看重的人能告诉你其中的区别是什么。"在交互学习模式中,你不仅需要向那些位高权重的人做出解释,而且需要向一起共事的同人做出解释。

当基于单边控制模式行事时,你可能会让团队成员担责,而你自己却没有担责。或者你甚至不敢尝试让团队成员担责,因为你害怕他们让你为难。

但是,如果你的心智模式是交互学习模式,你不仅会让其他人担责,而且你希望本人担责。你不是把担责看成负担,而是把担责看成兑现你做出的承诺的方式——帮助你本人及其他人达成结果。

知情的选择与担责的威力

研究表明,当领导做出知情的选择并担责时,团队的绩效更好,工作关系更好,个人幸福感更高。知情的选择所带来的好处包括:

◆ 使用参与式决策的高管团队如果能做出知情的选择,他们能做出更为有效的决策并带来更好的组织绩效。

◆ 分享信息更多,协作更佳,可共同制定决策的高管团队的组织绩效更好并可吸引或保留更多人才。

◆ 团队成员参与到决策制定中越早,参与的程度越深,团队绩效越好。

◆ 当团队成员参与决策制定时,他们的承诺度更高。

◆ 面对变革,团队成员越早参与到决策制定中,他们越有可能接纳决策并更好地做出调整。

◆ 可做出知情的选择的高管团队在管理层与员工之间,以及员工与员工之间能建立更好的工作关系。

◆ 当团队成员参与到决策制定中时,他们的工作满意度更高。

◆ 团队成员参与的时间越早，参与的层次越深，他们的满意度越高。

有关担责所带来的好处：

◆ 当团队和个人更多担责时，他们的绩效表现更好。

◆ 当担责更多时，团队可以考虑更多的信息并更仔细地回顾这些信息。

◆ 当团队成员为其得出决策的理由担责时，他们将做出更为准确的决策。

如果某些信息仅为一位团队成员拥有，团队不会对此多加考虑，这是团队面临的一个问题。如果某些信息被多位团队成员提及，当然提到的人越多越好，团队更愿意权衡这样的信息。一旦团队将某位团队成员分享的信息整合到解决方案之中，他们就可做出更好的决策，因为他们利用了手中所有收集到的信息，而不仅仅是大家熟悉的信息。如果团队为其决策流程担责，他们就能更好地利用所有能收集到的信息并做出更高质量的决策。

担责将影响团队成员的关系。

◆ 彼此担责的团队成员做出的决策偏见更少，主观性色彩更淡。

◆ 当团队成员就他们做出的决策彼此担责时，他们更少就其他人的态度或个性做出不合适的推论与归因。

同理心

同理心是第五种核心价值观，这是将所有五种核心价值观绑定在一起的情感黏合剂。同理心包括三部分：

◆ 你能觉察到与你一起共事的团队成员的痛苦。

◆ 在内心深处你能感知到这一痛苦，无论是从情绪的角度还是认知的角度。

◆ 你对这一痛苦做出反应。

当说到痛苦时，并不是指人们日常所遭遇到的沮丧，也不是指做决策时感到纠结不已或他们所需忍受的压力。同理心意味着暂时收起判断，这样，你可以真诚地理解他人及他们所处的情境。这并不需要你出面承担起解决他人问题或怜悯他人的职责。

如果没有同理心，交互学习模式将让人觉得空洞无物、缺乏人情味。人们只会把你看成会动的木偶，虽然你用词正确，但是其他人无法感受到你的真诚。但当你怀有同理心时，大家才会感受到你发自内心的关心与支持。哪怕是你不得不做出艰难的决策并可能给他们带来负面影响，他们依然会觉得你在为他们着想。

同理心也会影响你如何使用其他核心价值观。当你基于同理心行事时：

◆ 你保持透明不仅仅是因为你希望与他人分享你的想法，还因为你明白他们希望你对自己的行为做出解释。

◆ 你对其他人心怀好奇不是因为你希望利用他们的回应来表明他们是错的，而是因为你希望从他们的视角理解这一局面。

◆ 你为其他人提供知情的选择不仅仅是因为知情的选择可带来更多的承诺，还因为知情的选择是尊重他人的基本方式。

◆ 你让其他人担责不是因为你认定人们不会推行某项决策，除非这项决策是他们自己做出的，而是因为担责是恪守彼此承诺并达成大家共同寻求的结果的方式。

怀有同理心并不需要你拯救他人，替他们做事情，这些事情本该由他们自己负责。怀有同理心也不是保持模糊或不愿担责，或者回避知情的选择（规避重要但艰难的对话或决策，因为你不想让对方感受不佳）。所谓同理心，其真正含义是收起你对他人的判断，哪怕你期望大家彼此担责。

生产计算机芯片的某公司是我服务的客户中第一个引入同理心这一核心价值观的。该公司的高管团队主要由从事高科技的工程师组成。公司占据市场主导份额主要是通过讲究逻辑与分析的研发策略。其文化鼓励"硬碰硬"。我担心这些强势的高管会断然拒绝怀有同理心这一想法。让我感到吃惊的，当然也让我大松一口气的是，他们为怀有同理心这一想法喝彩。他们已经发现如果在工作场所只关注逻辑而没有注入同理心，那么紧张与不信任的工作关系会让大家更加难以共事。

我刻意选择同理心这一表述方式而不是"移情"或"理解"等词汇，原因是我希望在决策之中突出心灵的价值，或者更为准确的说法是情感的价值。直到最近，许多人，其中也包括我本人，认为思想与情感处于你争我夺的对抗之中，双方都在争夺影响决策质量的主导权。思想代表逻辑与分析，这是我们在决策之中唯一应该考虑的因素。情感则被认为干扰或污染了思想。一些人认为，如果你考虑了人们的感受，相比于只考虑逻辑做出的决策，其质量必然下降。另一些人则认为，相比于只关注逻辑，如果把思想与情感整合到决策之中，可带来更高的决策质量，但那时的研究并不支持这一看法。现在清楚了，在一定条件下，这种看法是正确的。

近来的研究表明，如果既关注思想又关注情感，领导和团队取得的结果更为有效。17世纪的数学家与哲学家布莱士·帕斯卡（Blaise Pascal）遥遥领先于他的时代，他曾说："心灵自有其理由，虽然理由并不知道这点……我们认识真理，并不仅仅因为理由，还因为心灵。"

同理心的威力

在过去的数千年里，虽然哲学与宗教赞美同理心的美德，但研究人员只是到最近才开始发现同理心的确能带来不一样的结果：

◆ 如果谈判者的同理心比较弱，他们更不愿意在一起工作，所产生的共同收获也更少。

◆ 如果人们回应时带着同理心，就可以降低负面行为出现的概率，并可以避免产生更多的负面结果。

◆ 早期的研究发现表明，同理心可提升大家对组织的承诺。

在我为高管提供咨询服务的经历中，当领导做出的回应带有同理心时，他们可改善工作关系并提升个人满意度。当领导对其他人的需求与痛楚表现出关注时，团队成员的防御性行为或无效冲突也会减少。领导能够从所处情境中了解更多。这都有助于建立信任关系。

同理心与疏离

从天性来说，某些人会比其他人更富有同理心。但是对大多数人而言，当感到沮丧、失望或恼怒时，你此刻很难做到怀有同理心。这些感受会让你情不自禁地疏离他人或远离他人的痛苦，你会告诉自己他们不值得你表现出同理心。正如戴安·伯克（Diane Berke）所写："同理心的主要障碍是我们头脑之中的判断。判断是人们将彼此隔离开来的主要工具。"以下是我们希望引起你注意的判断性信息。

你的痛苦没有那么严重。 当你告诉自己对方的痛苦没有那么严重时，这意味着你认为对方不值得你表现出同理心。如果团队成员说"我被工作压垮了"，你是否会不屑一顾地认为"你应该感到庆幸，在经济环境如此之差的情况下你手头上还有一份工作""自己想办法克服吧，大家都一样""停止抱怨，别浪费我的时间，好吗"？如果有人说"我无法从其他部门那里获得支持"，你是否会认为"我们付钱给你是为了什么？自己想办法吧"？痛苦不需要互相比较，另一个人的痛苦并不需要超过你的痛苦才会让你表现出同理心。

你自己是问题的始作俑者。 基于这一判断，只有完美无缺的人才值得你表现出同理心。如果有人提出不完整的建议，没有做出有效回应，没有尽早寻求帮助，他们都不值得你表现出同理心。但是绝大部分人或多或少是自己问题的始作俑者，即使不是主要原因。如果你仅仅对那些完美无缺的人表现出同理心，那么你将把绝大部分人摒除在外，其中也包括你本人。请考虑增加并加深你的同理心，这样，你可对其他人的遭遇更为感同身受，哪怕他们是问题的始作俑者或恶化了问题。

你的行为举止就像一位受害者。 当人们低估自己的能力或因某个问题迁怒他人时，他们的行为举止就如同一位受害者。这并不意味着他们没有经历痛苦，这只意味着他们没有看到自己在解决问题时所应具备的能力和应当肩负起的责任。如果你认为某些人看上去像一位受害者，哪怕实际情况并非如此，你会对他们表现出愤怒或怜悯，一旦有了这样的想法，你的回应就无法表现出同理心。其实，即使那个人表现得像一位受害者，你也要展现出同理心。

你还没有对我表现出同理心，所以我没有必要这样对你。 带着这一判断，你要求其他人首先采取行动。除非他对你表现出同理心，否则你不会对他表现出同理心。有时我们没有对其他人表现出同理心，不过是因为其他人没有对我们表现出同理心。

在我的求学时代，我经常对老师或学校的管理者的所作所为感到不满。虽然我的学业不错，但是我对老师的教授方法，以及学校的政策没有考虑到学生的利益感到沮丧，因为他们没有对学生的关切做出回应。我发现自己特别希望在学校里尝试组织变革，但是这一想法常常遭到拒绝。学校的管理者经常驳回我的请求，他们对我的关切没有表现出任何同理心。当然，从积极的一面来说，我对学校管理层的不满促成我成为组织心理学家。

十五年之后，我有幸以教授的身份出现在某高管培训项目之中，学员全是中学的校长与校监事会成员。我讲授的题目是变革与冲突管理。我记得当看到满屋子都是学校管理者的时候，我心中暗喜："最终，风水轮流转，今天终于轮到你们坐在教室里聆听我的高见了！我大权在握！"很快，我把自己与那些前来寻求帮助的学员隔离开来，虽然他们之中没有任何人对我做过任何让我感到不适的事情。结果是他们的学习效果不如所愿，也没有获得本应得到的同理心，课后评估结果也证明了这点。回过头去看，我意识到当时在我的头脑之中反击的欲望远超同理心。

认为对方必须赢得你的同理心这一假设"极为致命"。认为对方仅仅表现出对你的关心或与你互相依赖还不够，他们必须达到你的标准，你才会将同理心恩赐给他们，请不要有这样的想法。如果对方必须通过努力才能从你这里赢得同理心，那就不是同理心了。

当你假设自己必须在展现出同理心或让某人担责二者之中做出选

择时，那么你会陷入"非此即彼困境"。交互学习模式可让你走出困境，因为这一模式采用的是兼容并蓄的思维。展现出同理心并不意味着你给对方提供免费的通行证。你可在展现同理心的同时依然让对方担责。

回应时表现出同理心

当你与高管团队之中的一位或多位成员开会时，假设你把自己与其他人的痛苦关联起来了，你会如何做出回应？你是忽略他们的感受而把注意力重新投放到会议议程上，还是告诉他们如果把注意力放在积极方面，事情将变得容易一些？或者你承认做到这点对大家来说不容易，随后你继续按照会议议程进行下去？或者你暂时把会议议程搁在一边，哪怕是一会儿，然后了解他们的感受如何？他们需要你提供什么样的帮助？所有这些举措除了最后一个，其他只会把你与遭受痛苦的人隔离开来。

回应意味着你与他人交流他们的痛苦，并且你期待自己可以施以援手。回应并不意味着你去解除他们的痛苦或替他们解决问题，而意味着你了解他们的情况并表达你对他们的关切。

但是，即使那些怀有同理心的人的一些想法也会妨碍他们在回应时表现出同理心。

如果我表现出同理心，他们会认为我赞同他们的做法。某些领导担心如果他们对某些团队成员表现出同理心，对方会认为领导赞同自己的做法。但是，即使你不赞同或不支持对方的做法，你依然可以表现出同理心。在展现你对某人关切的同时表达你对他的关心，这完全合乎情理。你可以这么说："我并不赞成你对这件事情的处理方式，因为我认为你也需要对目前的情况担责。但是我能理解你的感受，你面

临的境况的确非常艰难。"

如果我表现出同理心，我就无法让对方担责。如果你认为自己一旦表现出同理心，就无法坚持要求对方担责，这势必造成你不得不面对二者选其一的局面。但这是一个错误的选择题。你可以二者兼得。事实上，如果你无法在合适的时候让其他人担责，你所冒的风险是你承担起对方的职责。

如果我表现出同理心，我会引发一连串糟糕的问题。想象一下你将与詹森会面，他是你的直接下属，他提及总部发言人这一角色已经让他不堪重负。回应时你表现出同理心，指出你注意到他比较疲倦，你对他的状况非常担心。听到你的话之后，詹森告诉你，每天来自媒体与维权组织的攻击再加上组织变幻莫测的策略让他的团队忙得不可开交，四处救火，根本无暇顾及其他事情。所有这些对他本人和团队都是严重打击。某些团队成员已经表现出筋疲力尽的迹象，其他人则感到压力重重，而詹森不得不遵从医嘱开始服用抗抑郁药。他分享的这些内容让你为他感到难过。与此同时你在思考："我自己是不是陷得太深？我是他的上司，不是治疗师。另外，如果詹森退出的话，我是无法承担这一后果的，组织现在需要他。"但是，你回应时可以表现出同理心，而无须建议他休假一周，由你出面帮他解决这些麻烦。例如，你可以这么说："詹森，听到这些消息我非常难过，当然，非常感谢你对我的信任，能和我分享这些信息，我深感欣慰。我知道你和大家为了应对充满敌意的舆论付出了巨大努力，这给你们带来许多负面影响。我希望你和大家能获得必要的支持，这样你们可以完成工作而无须付出心理健康的代价。我们能谈一下如何处理这件事吗？"

有时，领导虽对其他人心有所系，可他们担心一旦他们回应时表现出同理心，会鼓励人们无所顾忌地讨论那些原本最好不要触及的话题。有时候你宁愿自己不知道某些事情，这是人性。但是不知情并不意味着问题或由此带来的影响会自行消散。既保持同理心，又心怀好奇，你对业已存在的挑战有所了解并收集必要的信息来帮助其他人解决问题，而不是坐视问题恶化到不可收拾的地步。

有时，领导担心表现出同理心会把他们拖入不知如何应对的谈话之中。人们可能会谈论他们与孩子或配偶的紧张关系，或自身的债务危机或心理疾病。好消息是，你可以对他们表现出同理心，哪怕你不知道如何应对造成他们痛苦的局面。因为表现出同理心并不意味着解决问题。你需要做的是倾听，分享你对他人的关心，并提供适当的支持。

交互学习模式的假设

与核心价值观一起，交互学习模式可让你基于一套假设行事。花些时间重新审视图 3.1 并回顾一下上面讲述的价值观，并注意以下五条假设。

假设 1：我有些信息；其他人也有些信息。 带着这条假设你承认，在任何话题上，其他人也可能拥有相关信息。单边控制模式认为你拥有所需的所有相关信息，与之不同，交互学习模式认为既然人们的职责与经验各异，大家拥有的信息各不相同，这很自然。这些信息可能与你拥有的信息一样或保持一致，也有可能互为补充，甚至与你拥有的信息发生冲突。

假设 2：我们每个人都会看到其他人所没有看到的方面。 如果人们拥有的信息各异，因为他们承担的职责与具备的经验不尽相同，那么每个人对当前局势的看法不一，这合乎情理。哪怕大家身处同一会场，聆听相同的信息，交互学习模式认为每个人对于信息的影响及后果的看法不尽相同，或者对这些信息赋予不同价值。

假设 3：差异是学习的机会。 在交互学习模式看来，团队成员的不同信息、经验与看法构成了团队学习的基础，这可以带来更好的结果并打造更好的关系。你渴望发现人们的看法与你有何不同，因为你把这看成创意之旅的开始，这将带来更好的解决方案。一旦采用单边控制模式，你或者不愿探讨彼此的差异，因为你认定自己的看法是对的，所以对方的看法对你毫无帮助，或者你虽然愿意与对方交流，但你的目的不过是证明他是错的。

假设 4：人们虽与我观点有别，但他们的动机依然单纯。 因为你假定不同的观点是再自然不过的事情并可带来更好的结果，所以，你的团队可以包容视角迥异的观点，但是依然相信彼此看待这一局面的动机单纯。结果是，你们没有把时间与精力花费在揣测其他团队成员的动机是否可疑或对此采取防御措施上，但单边控制模式恰好相反。

当你基于这一假设行事时，某些奇妙的事情发生了，组织中说怪话的人少了。这不是什么魔幻游戏，可以让你不喜欢的人一下子消失得无影无踪。相反，当你改变心智模式时，你的行为也发生了改变，而这也改变了其他人对你做出的回应。汽车防撞栏贴纸喜欢引用甘地的那句名言，"成为改变后的那个世界的一部分"。其实这句话不是他说的，但是他的确说过与此更为相关的活："如果我们能改变自己，世界的趋势也将发生改变。正如一个人改变其本性，世界对他的态度也将发生改变……我们无须等着他人采取行动。"

> 当你基于这一假设行事时，某些奇妙的事情发生了，组织中说怪话的人少了。

假设 5：我可能是问题的始作俑者。在交互学习模式看来，你承认你可能是你抱怨不已的问题的一部分。你把团队的工作关系看成一套复杂的因果关系而不是单行道，哪怕其他人行事无效而你却可做出有效回应。正如其他团队成员可能思考或行事低效，你也一样。你承认其他人的低效行为可能是你的低效心智模式与行为所为或激起的回应。你意识到你对其他人的低效行为做出的回应可能有助于推进交互学习模式，但也有可能阻碍之。

在单边控制模式看来，只有其他人需要发生改变。在交互学习模式看来，你认识的每个成员所扮演的角色都有可能阻碍团队达成目标。当团队陷入纷争时，如果团队成员只是冷眼旁观或抽身而退，哪怕他们一声不吭，他们对这一局面也是有责任的。作为一个团队，所有团队成员都应为结果担责并共同影响结果。结果是，你认为整个团队需要改变，包括你自己。

交互学习模式的行为

交互学习模式的行为将交互学习模式转换为行动。使用交互学习模式，你可产生单边控制模式无法产生的行为。你可就情况分享相关信息，发现其他人的想法是什么，检验你和其他人做出的假设，制定可满足其他人利益的解决方案，提出不便讨论的话题并共同设计下一步。图3.2 总结了这八种行为。

行为

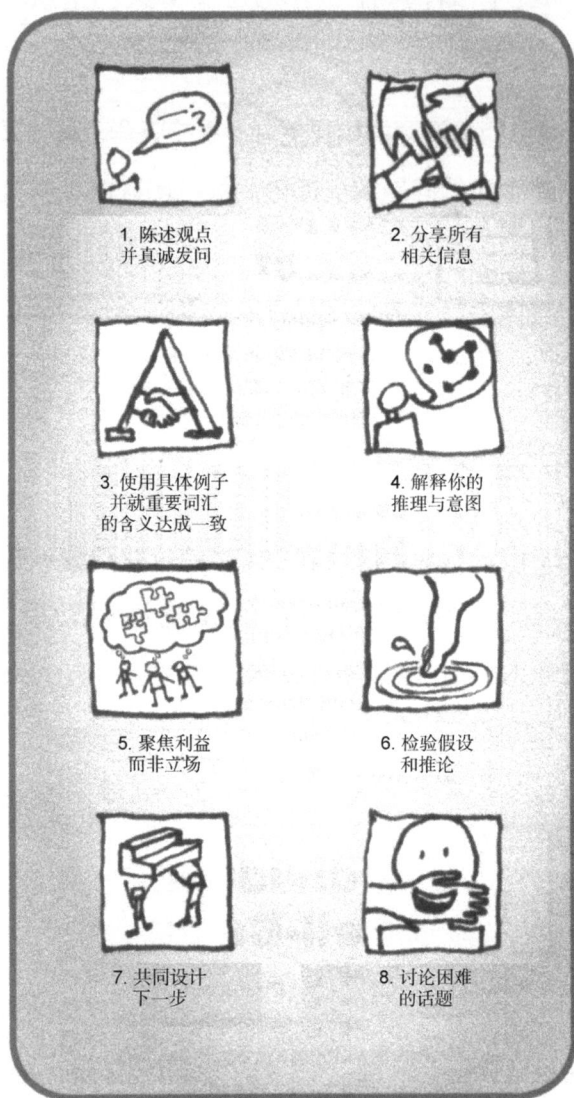

图 3.2 交互学习模式的八种行为

交互学习模式的结果

一旦使用交互学习模式，你将取得与单边控制模式有很大区别的结果，但依然属于绩效、工作关系与个人幸福感三个类别，请参考图 3.3。

结果

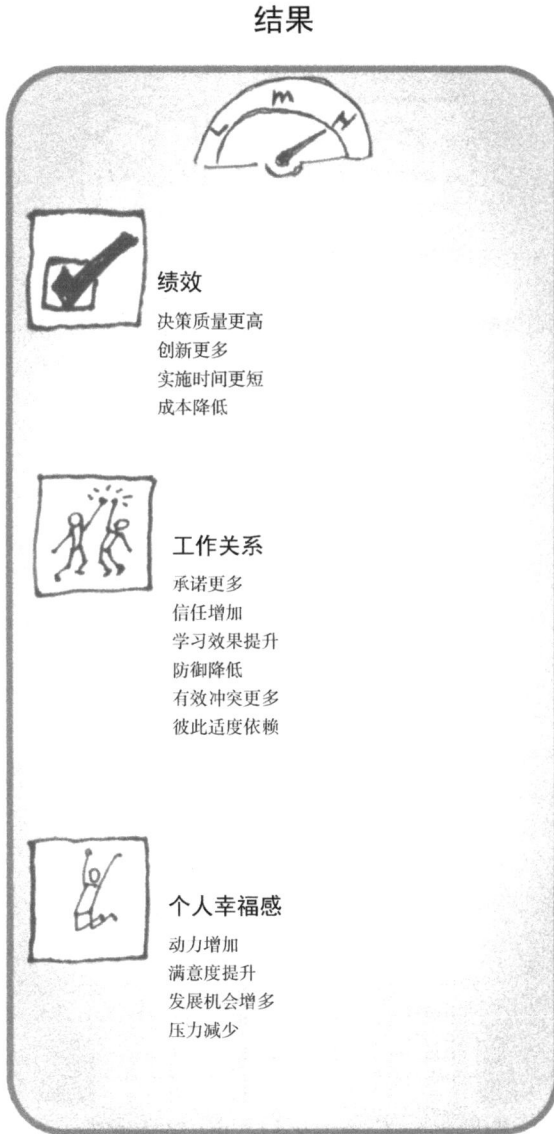

图 3.3 交互学习模式的结果

团队绩效更好

绝大部分团队领导认为打造高效团队的目的是什么？团队存在的目的是取得个人无法达成的绩效。采用交互学习模式行为，你的团队将通过以下方式提升绩效：决策质量更高，创新更多，实施时间更短，成本降低。

决策质量更高，创新更多

团队做出决策时很难知道决策质量的高低。团队无法预测的因素或一些尚未掌握的信息会影响决策质量。但高效团队可以找到办法来提升决策质量，哪怕不确定性因素众多。他们能够创建一个由准确信息与共识组成的共享池。团队成员理解需要满足的不同利益相关者的需求，并制定解决方案来满足这些需求。

高效团队做出的决策更具创新色彩，由此所诞生的结果既新颖又别致。高效团队之所以能够做出富于创新色彩的决策是因为他们发现，过往制约决策质量的假设并对此提出了挑战。提出并探讨这些假设的前提是团队成员互相信任。

实施时间更短

某些团队领导担心使用交互学习模式意味着决策需要花费更多时间。我的回答是"看你与什么比"。如果你召开 20 分钟的团队会议就做出了决策，会后却有多位团队成员私下找到你，关上房门，然后每位成员花费 20 分钟试图说服你接受团队之前做出的决策不管用。试问，哪种方式更花时间？如果很快将决策付诸实施，结果发现实施计划必须返工重做，因为团队成员没有分享重要的信息，或者因为计划是基于错误的假设制订的但团队没有发现这一错误，相比之下，哪种方式更花时间？正如我在第二章中所介绍的那样，结束时间不是团队做出决策的时间，而是团队将决策成功付诸实施的时间。

高效团队缩短了识别问题或机遇与成功实施决策这段时间。团队经常试图通过压缩决策时间的方式来节约时间。我的父亲是一位工程师出身的高管，在我们家的地下室里有一张巨大的工作台，上方的横幅这么写道："如果你不花时间一次把事情做对，难道你还能抽出时间再做一次？"某些问题如果实施前没有得以解决，势必成为实施的障碍，通过扫除这些障碍，交互学习模式减少了整个决策与实施时间。

成本降低

交互学习模式找到了降低成本却保持或增加价值的方式。有时成本的降低来自更短的实施时间及更富有创意的解决方案，其他时候成本的降低来自澄清工作目的本身。

我曾经为某能源公司提供咨询服务，其运营支持部门花费数年时间也未能说服应付账款部门采用"向供应商提前付款来换取折扣"的结账方式。许多供应商愿意接受到账的金额虽然少一点，但可提前支付的方式。令人奇怪的是，应付账款部门好像对这种节约支出的方式无动于衷。通过与应付账款部门一起商讨，运营支持部门发现应付账款部门的疑虑集中在提前付款这点上，最终两个部门找到解决方案。运营支持部门之所以做到这点是因为他们心怀好奇，为何应付账款部门对于提前支付这种方式不感兴趣，为此他们与应付账款部门分享了之前尚未分享的信息，并确保这个解决方案满足了应付账款部门的需求。结果是，该公司这一年就节约了 130 万美元。

团队工作关系更好

结果的第二个收获就是团队的工作关系更好。交互学习模式可生成更多的承诺，增加信任，提升团队学习效果，彼此适度依赖，减少了防御并让冲突富有成效。一旦团队建立了这样的工作关系，团队成员希望彼此合作，这一工作关系可带来更好的绩效。

承诺更多

交互学习模式行为可对团队做出的决策生成更多的承诺。所谓承诺，是指团队成员愿意采取行动来支持某些事项。帮助团队创建承诺的流程并不复杂。如果团队成员相信他们的利益被关注和考虑，团队成员就会对决策做出承诺。当基于交互学习模式行事时，你会对其他人的利益心怀好奇并共同设计问题的解决方案。

信任增加

信任是打造团队的基石，但是你无法直接建立信任。只有当团队成员彼此依赖，一起冒险并建立彼此合理的预期时，也就是他们发现彼此依赖与共同冒险是值得的，他们的利益能得到满足，这时信任才得以建立。最初，团队成员只能赋予彼此一定的信任，最终信任需要付出努力才能建立起来。

交互学习模式的核心价值观与假设为建立信任提供了舞台。当你假定团队成员虽持有不同看法，但动机依然单纯时，当你假定差异是学习机会时，你是基于开放的心态看待一切的。当你把保持透明与富有同理心结合起来时，你信任团队成员，因为他们会告诉你他们的哪些想法对你是有帮助的。你相信其他团队成员会考虑你的需求，哪怕你不在现场。随着担责不断增加，你相信团队成员会履行他们的承诺。

一旦建立了信任，团队成员会感到心理安全。他们愿意互相暴露自己的薄弱之处并可生成富有创意的解决方案。

学习效果提升，防御降低，有效冲突更多

研究人员认为组织最大的竞争优势是其学习速度。领导团队的学习速度越快，他们就能越快预测到变化的环境并做出回应，无论变化发生在组织内还是组织外。

你相信交互学习模式可为团队学习创造安全的环境。团队成员把他们的团队看成驱动结果所共享的工具，他们不断寻找改进变革之旅的方式。他们愿意尝试各种想法，愿意提出挑战性话题，哪怕这么做会暴露他们的薄弱之处；他们知道其他团队成员不会利用他们的不足或打压他们。

当团队基于交互学习模式行事时，团队成员可在团队内讨论困难话题而不至于让团队成员陷入防御。我曾经目睹团队公开讨论某些团队成员的绩效是如何损害整个团队达成目标的能力的，并提出了相应的解决措施；我还目睹过团队讨论某些团队成员没有彼此担责；当然我也目睹过所有团队成员如何通过合谋来避免主动担责。在某医疗组织中，我观察到临床高管团队询问其领导即首席医疗官是否受到执行副总裁的排挤。该临床高管团队负责组织中所有与治疗相关的事项。当时这位执行副总裁就坐在首席医疗官的身旁，他接管了首席医疗官的某些职责。首席医疗官给出的透明、不带防御色彩的回应让团队更全面地了解了当前的情况，充分消除了大家的疑虑，这样，团队可在新的领导架构之下发挥作用。

当团队基于交互学习模式行事时，团队成员可在团队内讨论困难话题而不至于让团队成员陷入防御。

相互信任与理解对于激发建设性冲突很有帮助。当两位或多位团队成员所采取的行动或解决方案彼此不一致时，团队成员就会陷入某种冲突状态。采用交互学习模式的团队认为冲突是自然的，也是不可避免的，他们期待团队成员对于问题持有不同的看法并把这看成力量之源，因为他们知道如何利用差异来找到解决方案，这些解决方案远比团队中任何个人所构想出来的解决方案高效得多。利用建设性冲突可创造利于做出更好决策的学习经历。从总体来看，随着时间的推移，团队内部的工作关系也会得到优化。

彼此适度依赖

采用交互学习模式后，团队成员彼此适度依赖。团队成员直接管理彼此的工作关系，而不是假手于组织中的其他人。

对于第一章及第二章所提及的约翰·哈雷的高管团队而言，这是非常重要的因素。一旦交互学习模式成为团队规范，会后约翰再也不用接待业务主管及职能部门负责人的单独来访，之前他的这些下属会私下向他表达对于其他团队成员或决策的担心。现在他们却勇于担责，自行解决各自关注的事项，他们或者采取一对一的沟通方式，或者在整个团队之中公开讨论此事，形式不拘，只要合适。这一做法把所有信息摊到桌面上讨论，这反过来减少了解决问题所需的会议次数。

个人幸福感更强

一旦团队采用交互学习模式，团队成员，包括团队领导，发现团队氛围良好而不是让人感到压抑。他们发现，工作赋予团队更多活力，让人乐在其中，而不是让人感到压力重重。

这里值得强调的是，团队成员发现工作本身可激发大家的动力。工作给大家提供了展示自己技能的机会，给大家提供了自主空间并让大家看到自主是如何打造完全不一样的局面的。结果是，做好工作本身就可激发大家的动力。虽然团队期待优秀绩效所带来的奖励，但是他们把奖励看成对良好工作表现的认可，而不是追求奖励的动力。

最后，如果团队足够高效，团队成员会感受到正常水平的压力，这来自团队成员愿意接受挑战性目标，而这一目标可带来卓越的绩效。

交互学习模式是如何强化其自身的

交互学习模式神奇的一面是你使用该模式越频繁，你就越能强化这一模式。正如图 3.4 中的箭头所示，当你采用交互学习模式时，其他人会对你做出更为积极的回应。团队更容易做出高质量的决策并对此做出承诺。团队成员之前看似毫无头绪或顽固不化，现在看起来好像开窍了一般，好主意源源不断地从他们的口中流出来。团队成员能更有效地把不同观点整合到一起，团队成员更享受一起共事的感受。挑战同事不再让人感到困难。团队是一个系统，一旦系统中的某个部分发生改变，无论是你还是团队成员，可对整个系统带来影响。这就是我之前引用甘地名言的用意所在。

单边控制模式依然是选项之一吗

如果你认为全面采用交互学习模式有时无此必要或不一定合适，

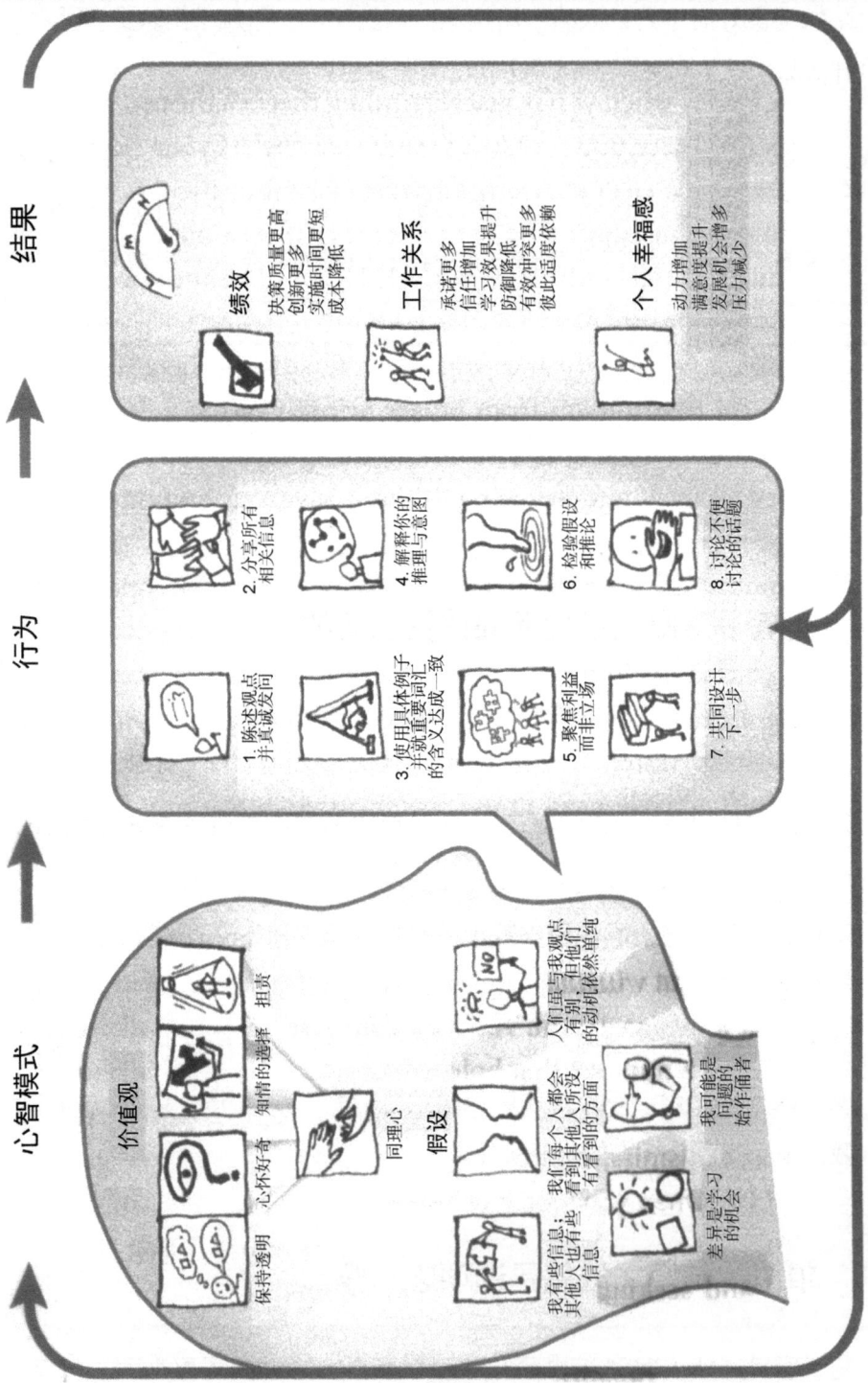

图3.4 交互学习模式的良性循环

结果

绩效
决策质量更高
创新更多
实施时间更短
成本降低

工作关系
承诺更多
信任增加
学习效果提升
防御降低
有效冲突更多
彼此适度依赖

个人幸福感
动力增加
满意度提升
发展机会增多
压力减少

行为

1. 陈述观点
并真诚发问

2. 分享所有
相关信息

3. 使用具体例子
并就重要词汇
的含义达成一致

4. 解释你的
推理与意图

5. 聚焦利益
而非立场

6. 检验假设
和推理

7. 共同设计
下一步

8. 讨论不便
讨论的话题

心智模式

价值观
保持透明
心怀好奇
知情的选择
同理心
担责

假设
我有些信息；
其他人也有些
信息

我们每个人都会
看到其他人所没
看到的方面

差异是学习
的机会

人有正当与我
看别。但他们
的动机依然单纯

我可能是
问题的
始作俑者

080

你是对的，但交互学习的心智模式依然奏效。面对熊熊燃烧的火场，消防队员必须听从命令，他们没有时间讨论如何协调彼此的行动。但是，给其他人下达指令并不意味着你在使用单边控制模式。只有当团队无论事先抑或事后毫无机会讨论什么条件下应该以听从命令为主时，这才是单边控制模式大行其道之际。

我的同事和我曾帮助警察与消防部门学习使用交互学习模式。在救火或出警的行动中，团队使用我称为的命令式领导方式。但在这些场合之外，他们依然会使用交互学习模式，其中包括汇报紧急情况来提升协作水平。

如果你认为有时需要马上做出决策而没有时间请其他人员参与进来，你是对的。但这不一定非用单边控制模式不可，只要你在事后解释你的决策并寻求其他人的反馈。

在大多数情况下，我们所做的都是例行公事般的工作，没有必要非用交互学习模式不可。你没有必要因为需要提醒下属周五是汇报季度业绩的例行时间而保持透明。如果这是标准流程，你在过去已经分享了这么做的理由。但是，如果你改变了报告提交的截止日期，本季度出现的变化导致你改变了截止日期，交互学习模式要求你对此保持透明。你需要了解这一变化将给直接下属带来哪些问题。

当然，如果你在大多数情况下发现时间不允许你从其他人那里收集信息后才做出决策，或者你不得不发出指令而不是寻求信息的输入，你可能会欺骗自己接受"我不得不采用单边控制模式"这一说法。

有效使用交互学习模式意味着只要条件许可，你就要使用该模式。在商业世界中，总体来说，当情况变得越来越不常规，风险越来越高，人们的情绪越来越激动，观点分歧越来越大，或者出现了一些未曾预料的事情时，你使用交互学习模式的概率就会增加。即使你没有主动展现某些具体的交互学习模式行为，但你依然基于交互学习模式行事，一旦需要，你准备马上展现具体行为。

请记住，当使用交互学习模式时，你依然关心如何取胜，但对取胜含义的理解是不一样的。在单边控制模式中，"要赢，不能输"的核心价值观是你持有的心智模式的一部分。该价值观认为你是对的，而其他持有不同看法的人是错的。这意味着你把获胜看得比寻求事实真相更重要。这一视角导致你对持有不同看法的人所提出的建议嗤之以鼻或不屑一顾，甚至逐条驳斥。即使你能获胜，也会带来损失，不仅给其他人，也给你自己。在交互学习模式中，取胜意味着生成有效信息并寻求事实真相。

我的同事和我为许多组织提供咨询服务，这些组织主要集中在工程、医药或其他科学领域。它们提供的产品虽然各不相同，但其工作方法大致相同，那就是遵循科学研究之路。该方法涉及如何通过识别假设、检验假设来解决问题，其中必不可少的一环就是认真收集并分析实验数据。每位工程师、科学家、医生都依靠科学方法来解释技术挑战。正是不同领域的科学家所共享的基本规则指导他们解决技术冲突。在某种程度上，科学方法让人们得出结论，某些假设经过了验证，而另一些假设没有。你或许可以说这里存在赢家与输家，但如果你信奉科学方法并将该方法作为发现真理的途径，那么无论你们得出的结论为何，你们都是胜利者，因为你们基于的是可靠流程。这点和交互学习模式相同。

在交互学习模式中，当你与其他人找到的解决方案是基于所有相关信息并尽可能满足众多利益相关者的利益时，你们都是胜利者。

| 将交互学习模式引入整个团队

如果你作为个人培养交互学习模式并将其用于塑造你的行为，你可提升绩效，改善与其他人共事的方式，甚至增加你个人的幸福感。但是，你可能注意到本章已经把讨论话题转移到了如何在整个团队层面推广交互学习模式。这才是真正提升团队绩效、改善团队共事方式及增加整个团队幸福感的方式。你的目标应该是设计团队及其环境来充分发挥交互学习模式的潜力。

团队的交互学习模式

你的思考方式决定你的领导方式。在一个团队中，更为准确的说法是我们的思考方式决定了我们的领导方式。因为交互学习模式认为每个人都需要为团队的有效性担责，而不仅仅是你一个人。造就团队有效性的绝非你一人的心智模式。如果真是那样，打造高效团队就不会那么困难。你所做的不过是改变你的思维模式，然后你的团队将发生神奇般的改变。

如果团队中仅有你一人基于交互学习模式行事，虽然你可以影响团队的共事方式及取得的结果，但你的影响力终究有限。当直接在团队中推广交互学习模式时，你们可以使用该心智模式与相关技能来提升团队问题解决的能力及做出决策的质量。你能够帮助团队成员更为清楚地解释他们的想法，检验他们的假设，解决冲突与问题，满足团队成员的不同需求。

但是，如果仅有你一人理解交互学习模式，团队成员将不断从你这里寻求帮助，没有你，他们将寸步难行。他们难以自行做到从不同角度思考问题并采取不同的行动，因为团队成员没能内化交互学习模式。如果你不在现场，他们将继续采用单边控制模式。

为了充分享受交互学习模式带来的好处，整个团队需要建立共享的心智模式。为了取得交互学习模式的成果，作为团队需要保持透明并心怀好奇。他们需要提供知情的选择，鼓励大家担责并表现出同理心。每个人需要主动揭示自己背后的假设，即他们有些信息，其他人也有些信息；其他人可能注意到他们本人没有注意到的方面；人们虽看法有别但依然动机单纯；差异是学习的机会；他们自己可能是问题的始作俑者。

你需要团队的帮助。如果基于单边控制模式行事，你可能没有看到你正在使用单边控制模式这一事实。好消息是，你周围的人可以清楚地看到你正在使用单边控制模式。这意味着你及其他团队成员需要他人的帮助来识别正在发挥作用的单边控制模式，这样你们才可能转为使用交互学习模式。相比较而言，团队成员更容易看到其他人正在使用单边控制模式而不是让他们本人体现交互学习模式的行为。

团队行为

共享的团队心智模式可打造出共享的交互学习模式行为。像你一样，你的团队需要始终如一地展现这些行为。与此同时，如果团队成员只是学习如何展现行为，却没有理解、体会并内化决定行为的心智模式，那么他们的工作依然是空洞无物的且难以有效。

许多高管团队从来没有得到他们孜孜以求的结果，因为他们把注意力聚焦在行为改变上，有时候甚至只关注行为改变。团队没有改变驱动原有行为的心智模式，老套的单边控制模式依然大行其道，压制那些试图改变单边控制模式的新行为。

为了帮助你的团队始终如一地展现交互学习模式行为，团队成员需要达成清晰的共识，期待彼此展现这些行为，不管是作为团队一起工作还是作为小组一起工作。一旦团队对使用交互学习模式做出明确承诺并期待所有人展现交互学习模式行为，这些行为将成为团队规范中非常重要且影响力巨大的一部分。没有清晰的共识，团队成员可能认为这些行为虽有价值却不愿去展现这些行为。

为了帮助你的团队从交互学习模式中受益，团队成员也需要在此时此刻给予彼此反馈。当团队成员表述结论却没有解释得出该结论的推理过程时，其他团队成员需要指出这点并要求该成员解释其理由。当团队成员做出未经检验的假设时，其他团队成员需要指出这点并要求当事人检验假设。

反馈是必不可少的，因为每个人难以看到自身正在使用单边控制模式。每个人都需要其他人伸出援手来帮助他们识别并纠正这一心智模式。这就是共享领导力的担责部分。

团队设计

因为你可以设计采用交互学习模式的任何团队，所以其中蕴含着巨大的潜力。你的设计将决定其结果。当谈及团队设计时，我指的是团队用于完成工作的结构与流程。团队结构包括诸如团队使命与目标及团队成员扮演的角色等。团队流程包括诸如团队用于解决问题、做出决策及解决冲突的方法。你也可以设计或影响团队发挥作用的环境来更好地支持交互学习模式。

图 3.5 展示了团队有效性模型。当交互学习模式聚焦在个人心智模式、行为与结果上时，团队有效性模型把团队视作一个整体，其中包

结果

绩效

决策质量更高
创新更多
实施时间更短
成本降低

工作关系

承诺更多
信任增加
学习效果提升
防御降低
有效冲突更多
彼此适度依赖

个人幸福感

动力增加
满意度提升
发展机会增多
压力减少

设计

团队情境

清晰的使命与共享的愿景
支持性组织文化
与组织目标一致的奖励机制
信息，包括反馈信息
资源
培训与咨询
实体环境

团队结构

清晰的使命与共享的愿景
清晰的目标
激动人心的任务
合适的团队成员身份
清晰界定的团队成员角色，包括领导者角色
有效的团队文化
团队规范，包括文化互动学习模式行为
合理的工作负担

团队流程

有效的问题解决
做出合适的决策
有效的冲突管理
平衡的沟通
清晰的边界管理

心智模式

价值观

保持透明
心怀好奇
知情的选择
担责
同理心

假设

我有些信息；其他人也有些信息
我们每个人都会看到其他人没有看到的方面
人们与我有差别，但他们的动机依然单纯
差异是学习的机会
我可能是问题的始作俑者

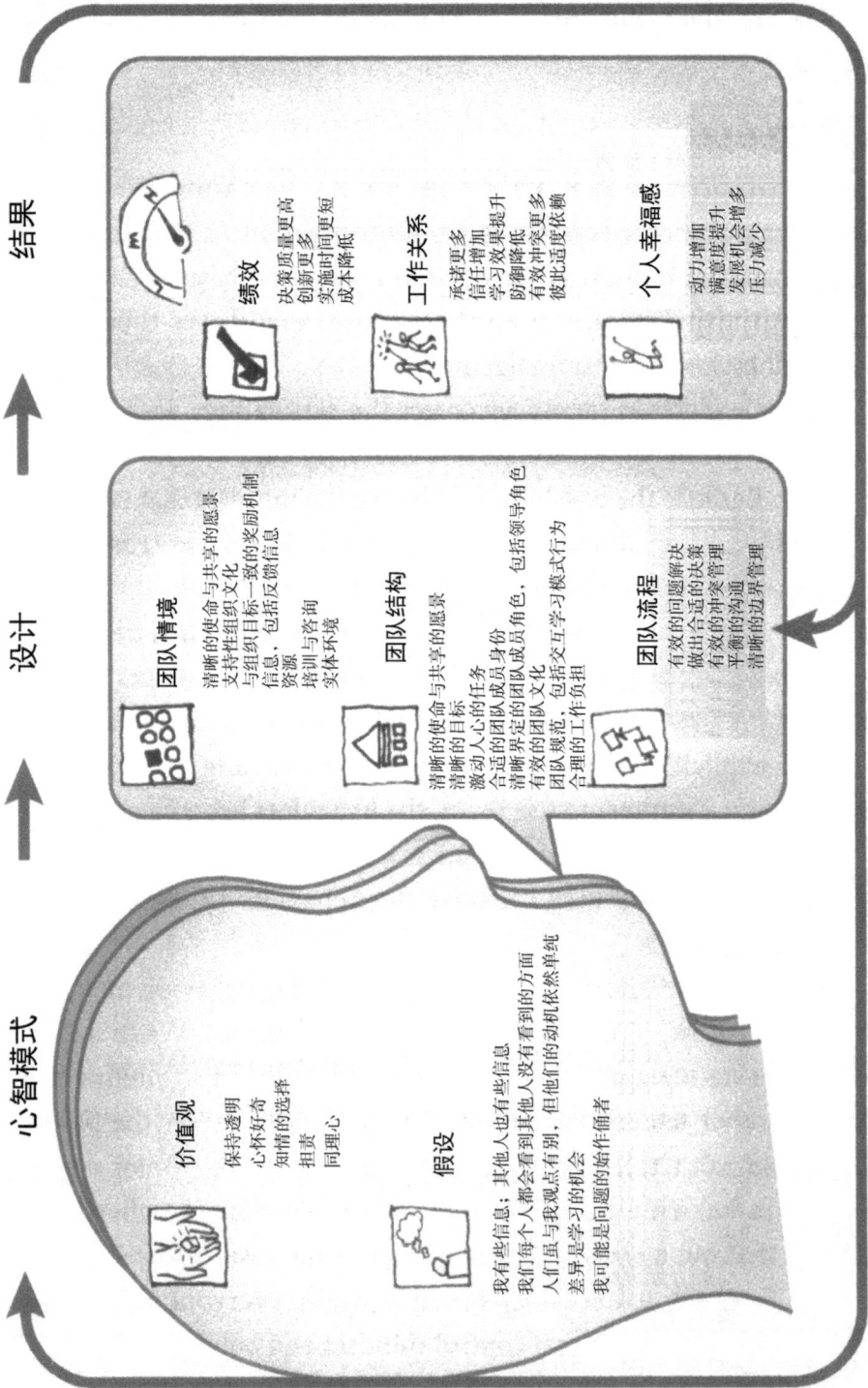

图 3.5 团队有效性模型

括团队心智模式、设计、结果。请留意，在团队有效性模型中，交互学习模式行为隶属于团队结构中的团队规范。

如果你的团队设计和交互学习模式与行为保持一致，那么你可更容易地达成图 3.5 中所呈现的结果。但是，如果你的团队设计与交互学习模式不兼容，那么你的设计与心智模式、团队行为之间的错位将带来冲突，并让你们更难达成期待的结果。

你和团队面临的挑战是你需要采用决定你行为的心智模式来设计团队。如果你在面临挑战时采用单边控制模式，那么很有可能你在设计团队时采用的也是单边控制模式，至少一定程度上如此：内嵌在团队设计中的是单边控制模式的一个或数个核心价值观与假设，哪怕这不是你的本意。

第四章

把拼图块放在桌面上：交互学习模式行为1~4

你看重保持透明、心怀好奇、担责、知情的选择及同理心这些价值观是一回事，但将这些付诸行动是另一回事。你如何通过实际行动来践行上述价值观呢？

基于研究成果及过往三十多年帮助团队领导及团队改进绩效的经验，我制定了交互学习模式八种行为的清单。这些行为是我多年来不断打磨、系统提炼与总结出来的精华（早期版本有十六种行为）。每种行为既各美其美，又美美与共，可联袂发挥协同效应。虽然我排定了八种行为的次序，但使用这些行为时，你没有必要按照次序逐一使用。每种行为如同翩翩起舞的舞步，共同构成大型舞蹈表演的一部分。

行为2到行为4是行为1的子集，当你践行行为1（见图4.1）时，行为2至行为4代表你需要履行的具体事项。这些行为是本章的核心。第五章将探讨其他四种行为。

行为1：陈述观点并真诚发问

当你陈述观点并真诚发问时，你自然而然地保持透明并心怀好奇。

你可以做些什么

下一次当你参加解决问题（不仅仅是给大家介绍最新情况）的团队会议时，你可以记录人们做出陈述和提问的次数。每当有人发言时，你可以在"做出陈述"或"提问"栏目中画上记号。如果发言中既有陈述又有提问，你可以在两个栏目中画上记号。会议结束后，你可以计算陈述与提问的比例。由此你可以发现大家对于团队互动的影响，当然，你可以单独记录你在会议中陈述与提问的比例。

行为

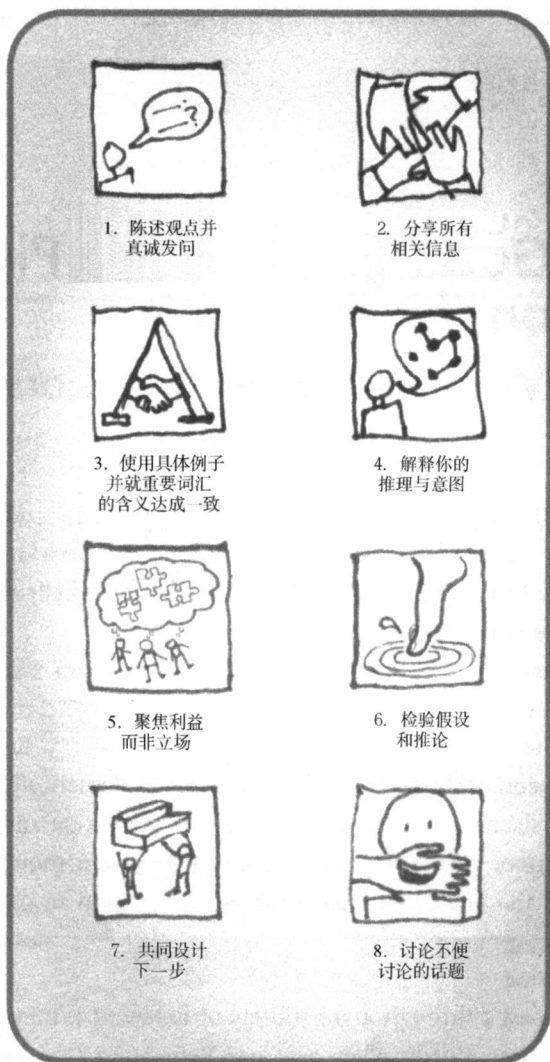

1. 陈述观点并真诚发问
2. 分享所有相关信息
3. 使用具体例子并就重要词汇的含义达成一致
4. 解释你的推理与意图
5. 聚焦利益而非立场
6. 检验假设和推论
7. 共同设计下一步
8. 讨论不便讨论的话题

图 4.1　交互学习模式行为

　　遗憾的是，如果你们的团队如同我所观察到的绝大部分团队那样，你会发现团队成员更乐意告诉对方他们的想法，而不是通过提问了解对方的想法。哪怕你把错误的提问也归类到提问栏目中，这一令人不安的局面依然不会发生改变。

当团队尝试去解决问题时，如果你观察得仔细一些，你可能会注意到这样的现象：某位团队成员起身描述他所看到的问题；接着，第二位团队成员发言，或赞同前者对这个问题的看法，或发表不一样的看法；然后，第三位团队成员起身发言。随着讨论不断深入，你所看到的情况让你暗暗叫苦："大家的发言并没有建立在前一位发言的基础之上。有时他们的发言好像彼此毫无关系。还有人的发言好像跑题了。"会议结束后，你们可能做出了决策，但你可能有种不舒服的感觉，因为团队并没有在桌面上公开讨论所有的信息，大家很难在实施决策时做到全力以赴。离开会场时你可能依然在揣摩某些人的真实想法。这就是只顾陈述观点而没有真诚发问所带来的后果。

提高你的好奇心，不要降低你的热情

如果你发现自己或团队没有如预想的那样心怀好奇，你可提高自己的好奇心；不要降低你的透明度或热情。也就是说，你没有必要突然给出一连串提问，却很少谈及你的个人看法。作为团队领导，你对某些话题持有强烈的个人看法，这很自然。如果你稀释自己的观点或隐瞒自己的观点，团队将失去由你的视角所带来的利益，而你本人对此也会感到沮丧不已。相反，你可以把自己充满热情的陈述与好奇心结合起来。你可以依然充满热情地表述自己的观点，只要你对其他人的观点表现出同样的好奇心。如果把热情与好奇心结合在一起，你可鼓励对方参与到讨论之中并把自己也融入进来。

> 你可以依然充满热情地表述自己的观点，只要你对其他人的观点表现出同样的好奇心。

在陈述观点之后，你可以通过提问来了解其他人对于你发言内容的看法。取决于团队希望达成的目标及你需要了解的情况，你可这么问："大家还有什么不同的信息吗？""对于我提出的解决方案，大家看看有没有什么问题？"

陈述观点之后，你可以通过提问来推进对话进程并让讨论聚焦。当你问"对于我提出的解决方案，大家看看有没有什么问题"时，你马上增加了下一位发言人对你的提问做出回应的概率。如果每个人都这么做，你们可以把原本看似毫无关联的点评变成问题解决的会议。真诚发问鼓励你去了解其他人的看法是否与你有别。对于那些职位不如你的同事，这一做法尤为重要，因为他们可能害怕给你通报坏消息。

当然，你不必每次陈述之后都发问。请依据你自己的判断。记住，保持透明与心怀好奇对于创建信息共享池和达成共识极为重要。

确保你的提问是真诚的

不是所有的提问都具有同样的威力。如果你的提问是真诚的，你可以让对方参与进来；如果你的提问不那么真诚，你会关闭双方的对话之门。错误的提问，即反问，会让你感觉良好。反问可以让你在令人沮丧的情境中快速得分，而且经常是巧妙得分。但是，反问的目的是陈述观点或让对方依计从事，而不是找到真正的答案。

当你给出反问时，你在提问之中嵌入了你自己的观点，你并没有保持透明，也没有真正做到心怀好奇。反问可以帮助你传递观点，这种方式虽然让对方难以挑战你，但会迫使对方为自己的观点辩护。"这一解决方案不能奏效，对吗？"其实这个提问已经表明提问人认为这个解决方案不能解决问题，而且指望对方会马上附和他的看法。这意味着对方或马上举手投降，或为那些不能站得住脚的立场自我辩护。在我提供咨询服务的某个组织中，CEO 以这样的强势提问而著称："究竟是哪个家伙认为那是一个好主意？"这肯定不是一个好的对话开场白。

反问没有保持透明。反问并不要求你为自己的看法担责。这就像当场抓住了人家的把柄，只会让对方感到难堪、无路可走或很丢面子。对方很有可能逃避对话，抵触你付出的努力，不再信任你。简而言之，如果你使用反问，你将远离你的合作伙伴。你们更难做出好的决策并让所有人对此做出承诺。你可在自己身上测试一下：对于我提出的那些反问，你自己的感受如何？

当我们对那些持有不同的看法的人感到沮丧不已时，我们会给出反问。我们经常认为他们没有了解情况，完全是错的，动机可疑或三者兼而有之。

你如何判断提问是否真诚？如果你知道问题的答案，就是明知故问，这意味着你的提问不是真诚的提问。

◆ 我知道问题的答案吗？

◆ 我的提问是想了解他们能否给出正确的回答或我期待的回答吗？

◆ 我的提问是想强调我的观点吗？

尝试一下"你这个白痴"的测试

如果你想知道你的提问是否真诚，另一种方法是运用我所说的"你这个白痴"的测试。以下是该测试的介绍。

1．私下告诉自己你想给出的提问。例如，你的某位直接下属告诉你项目会延迟，这会造成下一财政年度出现许多额外开支，这是你很不愿意看到的结果。你想这样回应："你为什么不想一想我为何要求你

在这个财政年度完成这个项目呢？"

2．在提问之后加上"你这个白痴"的表述。你可以对自己说："你为什么不想一想我为何要求你在这个财政年度完成这个项目呢，你这个白痴？"其实，你可以使用任何其他的负面词语。你可以说"你这个浑蛋""你这个傻瓜""你这个蠢瓜""你这个懒鬼"等。

3．如果在提问之后加上"你这个白痴"的表述依然显得比较自然，那你就别问了。这真的是陈述，也是有所指的反问。把提问转化为透明陈述，得体表达你的不满并真诚探讨局面形成的原因。你可以这么说："那真的让我伤脑筋，因为这会让明年的预算面临超支的风险。为了帮助我理解，你能否解释一下是哪些原因导致项目开支不得不记入下一财政年度呢？"

打开你的礼物包装盒

在绝大部分时间里，你没有必要刻意寻找让你心怀好奇之物。团队成员会把这作为对话礼物呈送给你。在对话中（或电子邮件或短信中），团队成员会随时给你送礼物。遗憾的是，你很容易错失这样的礼物，因为你很少打开礼物。其实打开礼物可促成彼此更好地理解对方，建立更好的关系并带来更好的结果。所以，请接纳到手的礼物并心怀好奇吧！

某些礼物很容易被发现，因为这些礼物的包装盒上写满了溢美之词。但是，请记住，赞美绝非礼物包装盒的唯一形式。当有人说"你给总监做的汇报非常棒"时，你收到的礼物其实不是他对你的赞美之词，而是给你提供机会去深入了解为何对方认为你做得不错。你可以打开礼物并做出回应："谢谢。请告诉我，你认为我哪些地方做得不错？我这么询问的原因是我希望能继续保持这些优点。"

　　为打开礼物，你需要做两件事情：接纳对方的表述并要求对方多解释一下，这样你可以更好地理解他的想法。遗憾的是，你收到的最好的礼物的包装盒令人作呕。这些礼物的包装盒看上去非常糟糕，让人感到不适，你甚至不愿打开包装盒。如果单看礼物的外包装，你是不想打开这份礼物的，因为这让你感到不舒服，但是不打开礼物，你将面临真正的损失。假如团队中有人对你说"如果能从你这里获得全面支持，我可以完成今年的目标"，一旦你忽略了这一表述，只考虑如何发表不同看法，你可能回应道："我们今天开会是讨论你的绩效，不是我的绩效。"你把到手的礼物给扔到一旁了。

　　打开礼物时要心怀好奇。你可以试着这么说："请给我多分享一些信息；你认为我做了什么或没做什么，让你觉得我没有全力支持你？"如果你希望在发现礼物及打开礼物方面做得更好，请留意这些场合：对方的说法让你感到不适、困惑、惊讶，或者你不赞同对方的看法。提醒自己这是心怀好奇与学习的机会，而不是告诉对方他们没有了解情况或他们的看法有误的场合。

　　还记得我在第三章中提及的改变应收账款流程的那家公司吗？欧文·格兰特担任团队的总监，他的团队希望能早一点给供应商结账，这样，他们可以为公司拿到付款折扣。如果给供应商提早付款的话，一张发票就可节约 250 000 美元。欧文团队管理的应付账款一年超过30 亿美元，所以，可节约的金额蕴含巨大潜力。但是，当他就这个项目寻求支持时，却遭到来自菲尔·休斯的抵制，因为休斯团队的职责是确保公司的施工项目顺利推进，所以他必须留足现金应对大额资本开支。起初，欧文无法理解菲尔为何反对，毕竟，这可以为公司节约

数千万美元。

一开始欧文感到非常沮丧，但随后他心怀好奇，与菲尔交谈了 45 分钟，解释他期望达成的目标并真诚询问为何菲尔认为这个项目不合适。这时欧文才了解排定发票付款时间只是管理现金流的方式之一。但是，他依然不能理解为何他提议的尽早付款以换取折扣的方案会给菲尔带来麻烦。所以，他询问菲尔："难道这不能为项目节约成本开支吗？"菲尔解释这一做法不合算。虽然早一点给供应商付款公司可以拿到 1 ～ 2 个点的折扣，但如果公司迟至约定时间才付款能获得更多收益。对菲尔来说，那点折扣不合算。当欧文了解了菲尔的担心后，他马上着手处理此事。他曾收到过财务部的一封电子邮件，该邮件说明资金成本率仅为 0.6%，远比菲尔认为的要低得多。当菲尔获知这一信息后，他由反对这个项目转为支持欧文在组织中推行这个项目。

当你接受来自他人的礼物时，无论礼物的包装盒如何糟糕，如果你能做到心怀好奇并带着同理心做出回应，那么你将回馈给对方一个礼物作为回报。简而言之，你为讨论事关重大的事项打造了一个安全的空间。创造这一信任是无价之宝。

心怀好奇并不意味着达成一致

某些团队领导认为如果他们心怀好奇并向团队成员发问，其他人会认为他们认可话题或方案的合理性，其实他们持有不同看法。但是，你对团队成员表现出兴趣并不意味着你赞同他们的看法。如果你对此有所担心，你可以这么说："虽然我不一定赞同你对这件事情的看法，但我希望更多了解你的想法。当我了解更多信息后，我可能会改变观点。"陈述观点并真诚发问意味着询问对方"当我陈述观点时，我需要与大家分享哪些信息"。下面的这些行为将回答这个问题。

行为2：分享所有相关信息

保持透明意味着分享所有相关信息，这样，与此有关的所有员工可拥有信息共享池并以此为基础做出决策、理解决策、实施决策。

这里的关键词是相关。所谓相关信息，是指可能影响决策的任何信息——你如何做出决策，你对此事的想法与感受。分享相关信息并不意味着在对话中说出你对该话题所知道的一切或任何映入你头脑中的想法。决定哪些信息属于相关信息，这需要你结合情境做出判断。

遗憾的是，在面对挑战性情境时，人们实际表述的内容与他们内心的想法和感受依然存在相当大的差距。分享相关信息意味着你可采用有效方式缩小这一差距。以下是决定你分享所有相关信息的几个原则。

◆ 分享与你观点相违的信息。
◆ 分享哪怕是让其他人心烦的信息。
◆ 分享你的感受。
◆ 及时分享信息。
◆ 当你无法保持透明时，不要隐瞒。

分享与你观点相违的信息

分享与你观点相违的信息而不仅是支持你偏爱的解决方案的信息，这可以确保每个人拥有信息共享池。如果你希望将提供服务的IT部门外包，这一举措虽然可以节约成本，但也会延宕服务的响应时间，这就是需要分享的相关信息。如果你计划终止某个项目，因为该项目没有产生你期望的结果，但这意味着你需要解聘某些员工，请明确分享相关信息。通过分享信息，哪怕这些信息与你的观点相违，你可以建立自己的信誉，与同事建立信任。

分享哪怕是让其他人心烦的信息

有时你分享的信息可能会让其他人感受不佳，但你依然需要分享这些信息。为团队成员的绩效提供负面反馈是一个常见的例子。虽然你不希望让对方感到不快，但你不能仅仅因为这些信息会让对方感到不快而守口如瓶。隐瞒信息的做法看似富有同理心，但带来的效果往往适得其反。如果你对负面反馈采取秘而不宣或轻描淡写的方式，你无法让对方获得所需要的信息从而就是否改变其行为做出知情的选择。结果是，他们难以做出改变，你会继续对他们的不作为感到沮丧不已，虽然他们能感受到你的关心，但他们不知道症结所在。你可能会对自己说："他们为什么就不明白呢？他们为何还不做出改变呢？"你没有意识到，其实是你未能清晰地分享反馈，告知他们哪里需要改变，为何需要改变。分享信息，你增加了改变概率。

> 对信息采取秘而不宣的做法看似富有同理心，但带来的效果往往适得其反。

分享你的感受

我们都有感受，你无法摆脱感受的影响。挑战在于如何觉察你的感受并有效地利用感受。如果你试图掩饰自己的感受或对感受采取轻描淡写的方式，感受会进一步恶化并表现出来，这会恶化你与其他人的工作关系。正如亚里士多德在《尼各马可伦理学》中所描述的："生气不难。难的是对合适的人，用合适的方式，基于合适的理由生气，这不是件容易事。"

分享你的感受可帮助他人理解你的观点。如果你关注其他人对你的反馈如何回应，你可以这么说："我想给你提供一些反馈，因为你对我上次的做法感到不满，我担心我的反馈是否会太刺耳？"如果与你共事的同事没能在之前同意的截止日期前交付，你可以这么说："我真的感到不开心。我们之前就截止日期达成一致，这样我就能履行对客户做出的承诺。现在我无法兑现我的承诺了。"当你分享感受时，请介绍你有如此感受的原因。这可让其他人自行决定情况是否真的如你所说的那样，他们由此可以评判你的回应是否合适。

及时分享信息

信息如同食物外包装上贴着的"最佳食用时间"的标签。你拖延分享相关信息的时间越长，这一信息就越会让你感到味同嚼蜡。研究反馈的结果表明，所给予的反馈距离相关行为越近，人们就越能记住反馈并做出回应。如果你有负面信息需要分享，不要等到有了正面信息后才给出。一旦你有了信息，请及时分享。

当你无法保持透明时，不要隐瞒

有时你拥有一些与同事工作相关的信息，但是你不能与之分享。这些信息可能涉及专利权、财务、隐私保护或法律事务。在这种情况下，请如实告知，你无法保持透明。

与其让团队继续解决问题却不理解你为何有些信息没有分享，还不如告诉他们你虽然拥有相关信息但你无法分享或在这个节点上无法分享。这可以让团队与你商量是否要延迟做出决策或接受你对决策提出的建议，但是承认决策是基于部分信息没有公开的情况下做出的。

如果你无法分享相关信息，因为信息提供者要求你保密，你可以

与团队分享这点。随后你可以决定是否重新联络那个人，当然你尊重他要求保密这点并询问在什么样的条件下你可以与团队分享，这样，你的团队可以做出更为知情的选择。

如果你无法做到完全透明，但是你没有隐瞒这点，这一做法有利于建立信任。这也有助于大家对决策做出承诺，如果人们随后发现有些信息当时你没有分享，他们有可能改变之前对决策做出的承诺。

行为 3：使用具体例子并就重要词汇的含义达成一致

如果你试图在团队中达成共识，你需要确保每个人使用相同的词汇来描述同一件事情。这看起来再明显不过了，但在实际工作中，这相当有挑战性，这点很容易蒙蔽大家的眼睛。相应的解决方法是使用具体例子并就重要词汇的含义达成一致。

提及姓名

我经常把行为 3 称为提及姓名的行为。你越具体，人们越有可能理解，这一做法包括提及对方的姓名。有时你可能会刻意模糊，进而这样表述内容："你们之中的某些人没能在本月截止日期前提交报告。我仍然需要你们的报告。"你可能犹豫是否要提及姓名，因为你不希望让对方感到难堪或窘迫。但这个理由是基于这样的假设——在团队中提及当事人的姓名会让他们感到窘迫，可这个假设会削弱团队领导所期望的担责。

我会在第六章再次讨论这个话题，但是现在我需要告诉大家的是，如果你不够具体，就会产生你本想极力避免的问题：不必要的误解、冲突和防御。当你没有提及"你们之中的某些人"的具体姓名时，团队成员不得不猜测你谈论的人是谁。那些没有及时提交报告的人可能会认为你接受了他们给出的借口，你不是在谈论他们；及时提交的人会认为你忘记了他们已经提交了报告而陷入防御。

与其说"你们之中的某些人没能在本月截止日期前提交报告。我仍然需要你们的报告"，不如说"埃里克、玛利亚，还有彼得，我还没有收到你们的报告，你们提交了吗"。通过提及姓名，你明确了当事人包括哪些人。通过询问他们是否提交报告，你得以检查他们是否完成工作并检验你的推论，如果你没有收到报告，这意味着他们还没有提交。如果你的收件箱里还没有收到他们提交的报告，也可能是其他原因所致。

询问你真正想知道什么

提及姓名的另一种形式是具体说出你的意图，而不是兜圈子。我经常听到团队领导检查下属是否完成任务时这么说："你是否有机会……"

我过去也经常这么问，直到一群警察负责人打破了这一习惯。我曾帮助他们学习如何管理冲突，我的开场提问是："你们之中多少人有机会阅读我推荐给大家的那篇文章？"出乎意料的是，所有人都举起了手。"那太好了，"我说道，"这是我第一次遇到所有学员全部阅读过这篇文章。"其中一位警察负责人马上加了一句："罗杰，你并没有询问我们是否阅读过这篇文章，你只是询问我们是否有机会。我们当然有机会了。""你是对的，"我回答道，"让我们再来一次。你们之中有多少人阅读过这篇文章？"这次只有1/3的学员举起了手。在那次培训中，我意识到我之前的提问"你们是否有机会……"是有问题的，因为我

试图去保护没有阅读这篇文章的学员的颜面。但是，这一提问并没有体现我的真正意图，而且我也没有让人们担责。

使用这一行为，如同其他行为一样，涉及改变你的想法。与其认为提及人们的姓名会让对方难堪，不如认为这么做可保持透明、担责、心怀好奇并富有同理心。带着这样的心智模式，你可以给人们提供机会来消除你的担心，其中包括他们对于情况的看法是否与你一样。

使用具体例子来说明重要词汇的含义

达成共识的核心是确保大家使用规定的词汇来描述同一件事情。有时大家对于团队频繁使用的词汇的定义不一样。

我曾经为一群政府官员提供咨询服务。他们的职责是制定区域的废品回收计划。会议开始了不到一小时我就发现，团队进展甚微。哪怕在一些微不足道的话题上，团队似乎也难以取得进展。我告诉大家，他们之所以止步不前，原因是他们对于混合物的定义持有不同看法。我要求他们每个人给我举例说明路边的"混合物回收箱"可放什么。一位官员说，混合物回收箱意味着所有纸张、塑料、瓶子都可以放进这个箱子里。另一位官员说，纸张、塑料或瓶子需要放在三个不同的箱子里，但不需要另外分类了。第三位官员认为，棕色瓶子、绿色瓶子及透明瓶子需放在不同的箱子里。当就混合物的定义达成共识后，他们在之前无法解决的问题上取得了进展。他们此时明白了之前观点的差异所在。

如果你对达成共识的定义是团队中的绝大部分人同意此事，但团队成员对于达成共识的定义是团队中每个人都同意此事，假如决策时仅有绝大部分人同意，问题出现了。如果你认为参与者是那些赞同你提出的方案的人，但团队成员认为参与者应该是那些与你共同制定方案的人，那么你会认为大家不愿参与其中，而团队成员却认为自己的做法就是在鼓励更多人参与其中。

解决方案从原理上来说并不复杂。当使用某个词汇（你认为其他人有可能做出不同的定义）时，你可以通过举例并包括具体行为的方式给出定义。你可以这么说："我的期望是你们所有人为业务互相担责。所谓互相担责，是指如果你听到有人谈论他们的业务而你感到他的说法不靠谱，你会在会议上与那人一起讨论此事。这不是侮辱他。如果你不了解当前状况，你就无法提供任何帮助。达成共识将确保我们像真正的团队那样互相支持对方。如果有人承诺在某段时间里去做某件事情，这对你或你的团队将带来影响，而你认为他们没有兑现承诺，你可以在会议上向他们提出这个话题。大家对于互相担责是否有什么不同看法或有什么补充意见？"

如果你听到人们使用的词汇或术语在你看来可能出现歧义，你务必要求他们给出具体例子。你可以这么说："佩里，你刚才说我们没有像一个团队那样去做事，你能举例说明什么时候我们没有像团队那样一起工作吗？具体说明一下在那种情况下，如果我们真的像一个团队那样做事，我们该怎么做？"要求对方"告诉什么时候"或"举例说明"是让对方举例的简单易行方式，而例子可提供丰富的细节。

行为4：解释你的推理与意图

正如我在第一章中所说的，人们天性喜欢赋予意义。当你陈述、提问或做某些事情时，其他人会马上揣摩你的真正意思是什么。他们

通常会这么问自己："这一表述背后的意思是什么？这一结论是如何得出的？"对于那些位高权重的人而言，尤其如此。

解释你的推理与意图可帮助对方理解你做出的陈述、给出的提问及采取这样的行动的理由。这给其他人提供了信息，他们得以理解如何完成你指派的任务，对你的要求做出回应，甚至你期望他们如何思考这个问题。

早在多年之前我就发现没有解释自己的推理与意图所带来的弊端。我询问行政助理："你是否把我今天早上要求给杰夫·索纳拉的材料发送出去了？"她回答："已经发出去了。"我加了一句："我这么问的原因是我需要纠正报告中的一些数字。"她随即回应："那份报告已经在发件箱里，但我可以撤回邮件。"如果我没有解释意图，这位助理可能会错误地推断我的提问是在评估她的表现。带着那样的推断，她的回复"已经发出去了"既得体也准确。但当我解释意图之后，她把我的提问解读为我向她寻求支持，而这是我的真实意图。如果我没有解释我的推理与意图，这份邮件可能会带着错误抵达客户的手中。这类错失的机会每天发生在各个团队中，只不过数量更多。

当分享你的推理与意图时，你降低了其他人猜测你为何这么说的概率。如果你没有给出解释，人们会自行编造故事，这些故事经常是不准确的，而且经常是负面的，那些人就好像他们是事实的描述者一样。

> 当分享你的推理与意图时，你降低了其他人猜测你为何这么说的概率。

解释你的推理与意图可以简单到一句话，"我这么问的原因是……"

透明度测试

团队领导不解释他们的推理与意图的时刻通常发生在他们主持会议时没有解释所使用的策略。请留意，我不是说他们没有解释业务战略，而是说他们没有解释他们主持对话或会议时所使用的策略。

在每次会议中，你都会采用不同的策略推进对话，虽然在大多数情况下你没有意识到自己使用的相关策略或你没有觉察到自己正在使用某一策略。会议策略包括你将采取的步骤，这样会议得以按照你所希望的流程达成所期待的结果。正如你有会议策略一样，其他人也有会议策略。如果你们的策略有别，你很快就会意识到其他人会把对话引向你不希望看到的方向，而你开始担心你无法达到期望的结果。会议使用的策略或流程非常重要，假如人们使用单边控制模式，谁能控制会议策略，谁就能在很大程度上影响会议结果。这将导致人们为了争夺会议主导权而发生争执，但是这一争执很少被摆到桌面上。

有时你不想对你所使用的对话策略保持透明，因为你希望隐藏会议策略。当你试图采用单边控制模式来影响对话以便达成你所期望的结果或你试图尽量减少负面情绪表达时，你会采取这种方式。正如我在第一章中介绍的，反馈时用到的三明治方式就是说明这一情况的不错的例子。许多团队领导在接受培训时被告知如果要给予负面反馈，最好使用三明治方式。他们在开场与结束时使用正面反馈，而在中间夹杂着负面反馈，就像三明治那样。

但是，思考一下这一方式背后的理由对你会颇有帮助。你还记得培训时讲师是怎么说的吗？讲师可能是这么表述的："从正面反馈开始可以让对方感觉舒服，这样当他听到负面反馈时就会容易接受一

些，而不至于陷入防御；收尾时给予正面反馈，这有利于维护他的自尊心并缓解他的愤怒，不至于让对话在你面前失控。"

以下这个简单却威力不小的三步骤思想测试可以帮助你检验你是否在采用单边控制模式。我称为透明度测试。

1．识别你在对话中使用的策略。在三明治方式中，当给出负面反馈时你使用的策略是首先给予正面反馈，让对方感觉舒服，这样他更容易听取你的负面反馈而不会陷入防御。其次，给予负面反馈，这是你的对话之因。最后，给予正面反馈。这样，对方可以带着自尊离开现场而不至于对你心怀不满。

2．想象一下，你向反馈对象解释这一策略。你可以询问他们这一策略对他们是否奏效："李，我请你到这里来的原因是我需要给你提供一些负面反馈，我希望你知道我的谈话策略，你看看对你是否合适。首先，我会给你提供一些正面反馈，这样你会感觉舒服一些并帮助你做好聆听负面反馈的准备，因为我担心你会陷入防御。其次，我会给你提供负面反馈，这是我今天找你来的原因。最后，我会给你提供一些正面反馈，这样你会感觉舒服一些而不至于对我不满。这对你适用吗？"

3．注意你的反应。如果你发现自己想捧腹大笑，或者你认为"我绝不能分享这一策略"，那么你可能会发现单边控制模式无法让你保持透明。你不愿公开单边控制模式，因为这只能让其他人在不知情的情况下发挥作用，或者其他人愿意被你耍弄。

这里给出的解决方案不是对你的单边控制模式保持透明，而是转变你的心智模式，开始使用交互学习模式。当你与其他人分享交互学习模式时，其效果更佳。

不要让无关紧要的细节影响主旨

好的记者知道不要让无关紧要的细节影响故事的主旨，即新闻中的头一两句话。好的导语可帮助读者迅速理解故事讲述的内容及要点是什么。这一原则对于提升团队协作也很有必要。

假设你担心某直接下属无法按期完成工作，而这会给你带来额外的工作量，一个好的开场白可能是："弗兰克，我想和你沟通一下截止日期的事，你上个月没能赶上截止日期，这给我带来许多麻烦。现在我能和你讨论一下这件事吗？"这不难做到，对吗？

但是，当我观察工作中的团队领导时，我发现他们中很少有人使用这一方式开始对话。相反，他们会经常使用旁敲侧击的方式。以下是他们如何开场的几个例子：

"弗兰克，你的工作进展如何？"

"弗兰克，有些事情我想和你讨论一下，或许你和我可以一起探讨一下。"

"弗兰克，你有几分钟时间吗？我想和你讨论一下你的一些行为，因为这些行为引起了我的注意。"

在第一个例子中，你希望弗兰克告诉你一些你希望他告诉你的事情，这样你就没有必要自己说出这个话题。但是，弗兰克会奇怪你为何这么问他。第二个例子比较模糊，弗兰克不知道对话的方向。第三个例子模糊虽然少一些，但依然让他感到不安。不仅他本人不知道你谈及的行为是什么，而且"你的行为"这样的字眼会让他担心所有糟糕的可能性。所有这些例子都会给他带来焦虑。

为何让无关紧要的细节影响主旨呢？因为我们不愿说出我们的真实想法。这么表述会让我们感到不适，我们假定这也会让其他人感到不适。让人哭笑不得的是，如果你隐瞒了主旨，你却增加了自身和其他人的不适。你隐瞒主旨的时间越长，你和其他人的焦虑与不适就越多。你对于自身要说什么，还没说什么，感到越发焦虑。其他人也是如此，因为他们在思考你隐藏了些什么。你越早揭示主旨，焦虑就会越早消失，而你就有更多的时间来解决问题。

从主旨开始。如果你召开团队会议，在头一两句话中你要告诉其他人你想说些什么及背后的原因。越具体越好。"弗兰克，我想和你讨论一下你上个月没能赶上利富顿项目截止日期的事情，这给我带来许多麻烦。我想这次讨论会花费 30 分钟左右的时间。你有空吗？"

| 小结

现在快速总结一下交互学习模式的四种基本行为。

1．陈述观点并真诚发问。

◆ 提高你的好奇心，不要降低你的热情。
◆ 确保你的提问是真诚的。
　　—尝试一下"你这个白痴"的测试。
　　—打开你的礼物包装盒。
　　—心怀好奇并不意味着达成一致。

2．分享所有相关信息。

◆ 分享与你观点相违的信息。

◆ 分享哪怕是让其他人心烦的信息。

◆ 分享你的感受。

◆ 及时分享信息。

◆ 当你无法保持透明时，不要隐瞒。

3．使用具体例子并就重要词汇的含义达成一致。

◆ 提及姓名。

◆ 询问你真正想知道什么。

◆ 使用具体例子来说明重要词汇的含义。

4．解释你的推理与意图。

◆ 透明度测试。

◆ 不要让无关紧要的细节影响主旨。

第五章

把拼图块安装在一起：交互学习模式
行为5~8

本章继续讨论源自交互学习模式的其他四种行为，如图 5.1 所示。

行为

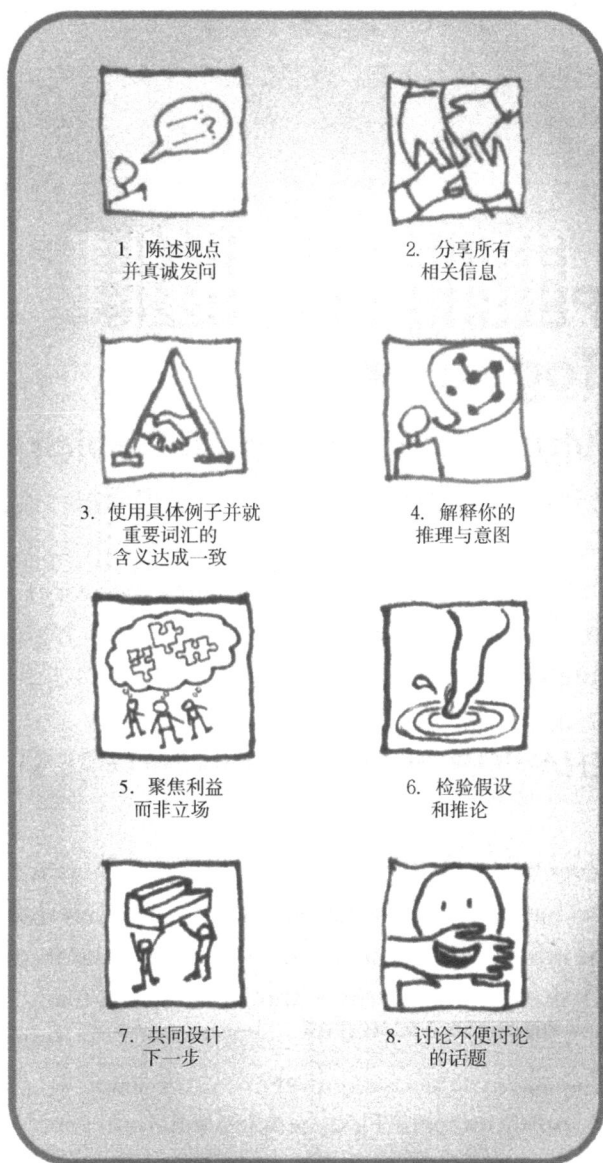

1. 陈述观点并真诚发问
2. 分享所有相关信息
3. 使用具体例子并就重要词汇的含义达成一致
4. 解释你的推理与意图
5. 聚焦利益而非立场
6. 检验假设和推论
7. 共同设计下一步
8. 讨论不便讨论的话题

图 5.1　交互学习模式行为

| 行为 5：聚焦利益而非立场

你是否参加过这样的会议，会场中每个人都试图说服其他人采纳自己的建议，但没有成功？当第一个人分享了他的解决方案之后，其他人马上指出这个方案不可行。随后第二个人发言，但是他的建议也很快被否决。最终，团队陷入僵局，有时虽然达成结果，但是没有一个人对最终达成的结果表示满意，或者团队领导剥夺了团队做出决策的权力。

为何会出现这种情况？首先，人们天生就是问题解决者。如果你扔给团队一个问题，大家会马上想出各种解决方案。当他们步入会场时，头脑之中已经准备好了解决方案，或者他们会马上找到解决方案。其次，当人们对某个话题持有强烈看法时，他们会把会议现场看成比赛现场，一定要确保自己的观点取胜。当然，他们认定自己的看法是正确的。这就导致他们试图说服对方接受他们的解决方案是正确的。但这不能解释为何某个人的解决方案不能为其他人所接受。为了理解这点，你需要明白人们是如何找到大家都能接受的方案的。总体来说，我们找到的解决方案满足了我们的需求和关切点，而我们是知道这些需求和关切点的。如果我们提出的解决方案没有考虑其他人的需求和关切点，团队就会否决这样的解决方案。

你可以把立场看成人们找到的解决问题的方案。与此相对照，你可以把利益看成人们主张其立场背后的需求。如果你和我身处同一间会议室，我想打开窗户而你却希望关上，这就是你我各自的立场。如果我问你"你为何想关上窗户"，你可能会告诉我穿堂风把你面前的纸张吹乱了，而你想把纸张归拢在一起。如果你问我"为何要开窗"，我的回复可能是"我感到有点热，想凉快一下"。这些都是我们的利益。

我打开窗户的解决方案与你关上窗户的解决方案不过是满足我们各自利益的不同方式而已。问题是，我们无法做到在开窗的同时又关上窗户。但是，如果聚焦利益，我们可能找到一个满足彼此利益的解决方案。

正如这个例子所表明的，解决问题的挑战在于，一旦人们首先关注立场，经常出现的情况是人们所持有的立场互为冲突，哪怕他们的利益其实是可以兼得的。这是因为人们习惯于首先表达满足他们利益的立场，却没有考虑到其他人的利益。在这个例子中，你可能会否决我最初的提议，而我也可能否决你的提议，因为我们各自提出的解决方案都没有满足彼此的利益。

获得承诺的四个步骤

团队领导经常问我如何获得团队成员的承诺。答案很简单。人们对满足他们利益的决策做出承诺。如果你构想的解决方案能够满足他们的利益，团队成员自然而然就会做出承诺。

> **人们对满足他们利益的决策做出承诺。**

聚焦利益有利于识别利益。你可以问："我们解决这个问题的方式能否满足双方的利益？"在上述开窗、关窗的例子中，稍微动些脑筋，就不难找到富有创意的解决方案。我们可以打开窗户的上半部，这样，穿堂风就不至于把你面前的纸张吹乱，而我依然可以享受习习凉风。或者我们彼此交换位置，这样，我离窗户近一点，而你离窗户远一点。当聚焦利益时，我们可以通过解释提议背后的推理与意图来保持透明，而我们也对了解到的其他人的利益心怀好奇。

通过聚焦利益，我们可以遵循四步骤来获得承诺。

第一步：识别利益。要求团队成员不断重复这句话："无论我们制定的解决方案具体为何，这一方案需要满足……"这样我们可建立利益清单。当人们不断主张立场时，询问他们："对你而言，解决方案的什么方面对你很重要？"这有助于识别他们立场背后的利益。

第二步：就解决方案需要考虑的利益达成一致。在这一步团队澄清各自利益的含义是什么，并就解决方案所需要考虑的利益达成一致。提问的一种方式是："我们在制定解决方案时，是否有什么利益是不需要考虑的？"考虑利益并不意味着每个人都同意每个利益都很重要，正如不可能让每个人都把利益看成与己相关。最后，团队没有必要制定一个能满足所有相关利益的解决方案，那只是一个理想的结果。这一步结束后，你的团队可建立一份利益清单，理想的解决方案需要满足这些利益。

第三步：制定满足利益的解决方案。现在你的团队准备制定尽可能满足所有利益的解决方案。理想情况下，最好能满足所有的利益。在这一步你可以这么说："让我们找出满足所有利益的可能解决方案。我们现在还不需要对这些方案做出承诺，我们只需要把这些方案摆到桌面上。"团队开始识别可能的解决方案。这是让团队成员亮出彼此的方案并基于对方的想法不断完善方案的时候，当然大家需要尽可能多方考虑不同利益。如果无法找到满足达成一致利益的解决方案，你们可以思考一下所提议的解决方案是否存在不必要的假设。例如，如果提出的每个方案假定只能由全职员工完成，为何不尝试一下放松这个假设，看看团队能否找到可满足所有利益的其他解决方案呢？如果这不起作用，那么团队可将所有的利益排序或赋予不同权重来找到满足重要利益的解决方案。

第四步：选择解决方案并付诸实施。使用这个解决方案并不能确保团队做出的决策可满足所有人的利益。但是，这可增加你们找到赢得所有人支持的解决方案的概率。

当欧文·格兰特与菲尔·休斯就提早付款换取折扣的项目赢得了更多支持之后，欧文聚焦在利益而非立场上。在对话之初，欧文知道了菲尔的立场，他对于提早付款这个提议并不感兴趣。当欧文心怀好奇地询问菲尔不感兴趣的原因时，他才知道菲尔所关注的是如何省钱。在菲尔看来，公司迟至付款时间才付款所获取的利益远远超过提前付款所拿到的那点折扣。欧文告诉菲尔提早付款换取折扣这个提议依然可满足他的利益。如果这个解决方案没有满足菲尔的利益，那么两个人可以共同探讨如何修订解决方案，直到他们找到解决方案为止。

为何构建赞成－反对清单的方式不能奏效

许多团队构建了赞成－反对清单来评估潜在解决方案。但是，当团队针对具体解决方案构建了赞成－反对清单时，你在强化团队成员的立场。团队成员马上认识到获胜的解决方案将是赞成票数最多而反对票数最少的方案，所以他们会尽力标榜自己偏爱的方案所具备的好处，拼命寻找其他解决方案的弊端。这会让问题解决演变成对抗。

当你要求大家聚焦利益时，团队的互动因素发生了改变。当团队寻找解决方案时，大家无须追捧那些只能满足自身利益的解决方案。如果团队找到的解决方案无法满足所有人的共同利益，整个团队会发现自己被困在同一艘船上，这时大家不再对提出不同解决方案的同事表示不满。从心理学的角度来说，聚焦利益可以把整个团队聚集在一

起，而采取构建赞成－反对清单的方式可轻而易举地把大家拆散开来。

"除非你找到解决方案，否则别提出问题"

在某些团队中，人们被告知不仅需要提出问题，而且要找到解决方案。从表面上来看，这一做法合乎情理，但实际上这会带来更多的问题。你指望团队成员为了解决问题而行事主动并为解决问题担责，而不指望你或团队出面解决问题。而且你希望减少这个问题在会议中所花费的时间，一则时间难以安排，二则这会耗费团队宝贵的时间。但是，在不了解大家的不同关切点是什么的情况下，就指望提出的解决方案可适用于每个人，这未免过于一厢情愿了。

如果你考虑不仔细，要求团队成员开会时带着解决方案来见你，这会花费更多的时间而不是更少的时间，因为这会强化他们的立场。他们来到会议现场时所提出的解决方案是基于他们自身的利益考虑的。当他们陈述了解决方案后，如果这个解决方案没有满足其他团队成员的利益，大家会挑战这个解决方案。很快，大家将陷入立场的纷争中，因为每位成员都提出了自己偏爱的解决方案。这不仅浪费时间而且恶化彼此的关系。这一情况可预测，也可以避免。

相反，在团队成员提出解决方案之前，要求大家了解并理解彼此在这一事项上的利益，提出的解决方案也需要满足这些利益，这意味着在会议之前大家需要发现彼此的关切点。他们可以这么说："我想解决 ×× 问题，我希望向团队提出的解决方案可满足所有人的利益。你们能否告诉我解决方案需满足哪些利益吗？"

在团队会议中，提出解决方案的成员可这么说："为了解决 ×× 问题，我和大家讨论了解决方案所需满足的利益。我认为找到的解决方案适合大家。让我介绍一下该解决方案并说明这一解决方案是如何满足你们所提及的利益的。让我们看看我是否漏掉了什么？"采取这样的方式，你可以节约大家的时间并依然聚焦在利益上。

我的同事和我曾为当地政府提供咨询服务。在过去的一年中该政府曾尝试合并市政工程与工程部，但不成功。不同的利益相关者聚焦在各自立场上，诸如谁来领导新部门等，所以他们没能制定出解决方案。数轮会议后，我们把各利益相关方带入会议室中，识别出需要满足的利益，随后要求团队提出可满足各方利益的解决方案。团队探讨了不同解决方案并最终制定出解决方案，这一解决方案整合了不同解决方案可资利用的部分，从而在最大限度上满足了所识别出来的利益。解决方案最终得以通过并付诸实施，所花费的实施时间少于三个月，迄今为止该解决方案已经成功运行了四年多。

行为6：检验假设和推论

人们天性喜欢赋予事情以意义。当你听到人们说些什么或做些什么时，或者当你收到邮件时，你试图去发现"这个人究竟要说些什么"或"他们为什么要这么说"。

例如，假设汉克的经理吉姆说："汉克，你的团队表现不错，但这个项目拖累了你们团队的进度，我准备让唐娜的团队管理这个项目。"汉克会感到奇怪："吉姆这么说的真正意图是什么？他为何这么说？"随后为了回答自己提出的疑问，他开始自行编造故事。他可能会告诉自己，吉姆担心他的团队的业绩，所以没有完全说出实情。或者他认为吉姆想改变他的工作职责，因为他不想挑战唐娜，虽然她给汉克提供的成本预算不靠谱，而这正是团队进度落后的原因。汉克可能没有

觉察到他在头脑中自行给出了这些提问并找到了答案。但他会用自己编造的这些故事来做出回应。如果他的故事是负面的，他的回答也是负面的。例如，他可能面带讥讽地回应"谢谢关心"，或者直接说"你的这个安排是一个巨大的错误"。

不要相信你的所有看法

问题不在于人们自行编造故事，而在于人们会自动相信这些故事。当你基于已知的信息就你不知道的事情得出结论时，你在做出推论。当你把某件事视作理所当然却无信息在一旁提供佐证时，你在做出假设。你每时每刻都会做出推论与假设，这再自然不过了。你无法检验你所做出的每个推论，如果真这么做，你会把自己逼疯，更别提完成工作了。但问题是当你做出推论时，你并不知道这些推论是否正确。如果你依照推论行事，就好像这些推论是正确的，你会给自己和他人带来麻烦，因为这些推论其实是错误的。你判断推论是否正确的唯一方式是与对方或与当事人做出检验。

为了判断是否需要检验推论，询问自己："如果我采信的推论其实是错误的，照此行事将带来哪些后果？"如果你认为未经检验的推论带来的风险非常高，请予以检验。检验推论包括三部分：第一，你要觉察到自己做出的假设与推论；第二，你将带有风险的假设与推论转化为可以检验的形式；第三，采取行动之前，检验假设与推论是否正确。

你如何编造故事：推论阶梯

你编造故事的方式被称为推论阶梯（见图 5.2）。请让我继续沿用之前所举的那个例子——汉克的上司让唐娜管理项目。吉姆对汉克表述的内容被称为可观察到的信息。可观察到的信息是你可以用摄像机记录的任何信息，包括人们的表述、人们的肢体语言、发出的电子邮件、报告、试算表、演示报告等。当然，吉姆的下属会留意到其他可观察到的信息，包括过往他对于某人的表现、唐娜的表现等发表的言论。

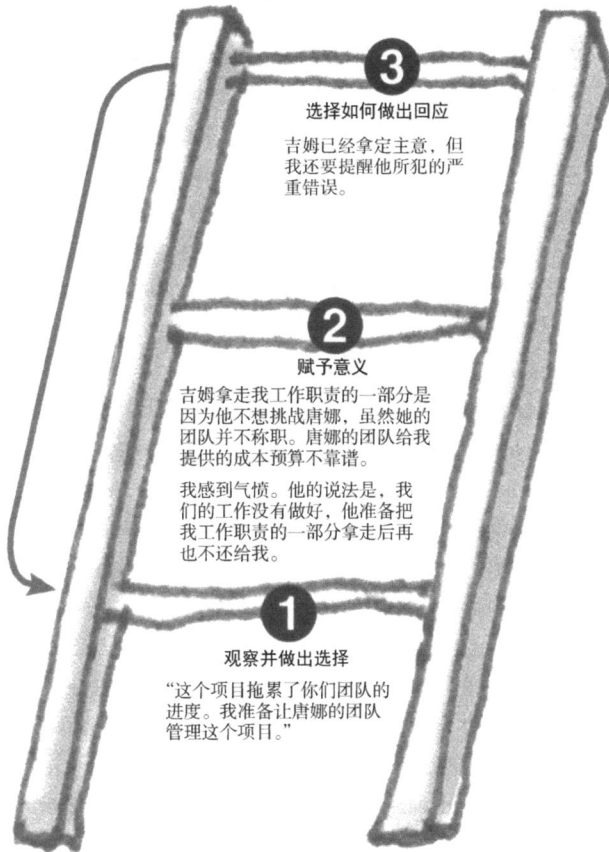

3

选择如何做出回应

吉姆已经拿定主意，但我还要提醒他所犯的严重错误。

2

赋予意义

吉姆拿走我工作职责的一部分是因为他不想挑战唐娜，虽然她的团队并不称职。唐娜的团队给我提供的成本预算不靠谱。

我感到气愤。他的说法是，我们的工作没有做好，他准备把我工作职责的一部分拿走后再也不还给我。

1

观察并做出选择

"这个项目拖累了你们团队的进度。我准备让唐娜的团队管理这个项目。"

所有可观察到的信息

"汉克，你的团队表现不错，但这个项目拖累了你们团队的进度，我准备让唐娜的团队管理这个项目。"

图 5.2　推论阶梯

　　推论阶梯的第一级台阶是观察并做出选择。哪怕是面对面对话，

对于大脑而言，依然有太多的口头与肢体信息需要捕捉，所以你只能关注某些信息而忽略其他。如果你是汉克的话，你会担心失去工作，所以你可能会留意吉姆表述中的这部分，"这个项目拖累了你们团队的进度。我准备让唐娜的团队管理这个项目"。你可能会漏掉吉姆所说的"你的团队表现不错"。

推论阶梯的第二级台阶是就你所选定的可观察到的信息赋予意义。你做出的回应可能是"我感到气愤"。当你琢磨其中的含义时，你认为他的说法是，"我们的工作没有做好，他准备把我工作职责的一部分拿走后再也不还给我"。随后你开始询问自己为何会出现这种情况。你可能会认为"吉姆拿走我工作职责的一部分是因为他不想挑战唐娜，虽然她的团队并不称职。唐娜的团队给我提供的成本预算不靠谱。现在是我们为她们的错误背黑锅"。当你就人们为何要做某事得出结论时，你在做出特别的推论，这被称为归因。归因只不过是我们赋予他人做事的动机。在这个案例中，汉克对吉姆做出的归因是他害怕挑战唐娜。

请留意汉克做出的推论，也就是他基于吉姆表述的内容得出的结论。吉姆从没有说过汉克的工作表现不佳。吉姆也从未表示要把汉克工作职责中的一部分拿走后再也不还给他。吉姆也从未表示过他害怕挑战唐娜。吉姆也从未说过他因唐娜团队的不佳表现而迁怒于汉克。所有这些都是汉克做出的推论，除非他非常小心并对此做出检验，否则他会很快照此行事，好像这些推论是真的。

最后，在推论阶梯的第三级台阶，基于你所构建的故事，你选择如何做出回应。汉克可能认为吉姆已经拿定主意，但他依然需要提醒吉姆所犯的严重错误。他没有意识到他其实是在对自己而不是吉姆做出回应，于是他脱口而出："谢谢关心。"或"你的这个安排是一个巨大的错误。"

这类反应是人的自然反应。在大部分时间里我们都是这样的。让情况变得如此挑战的原因是，当你迅速攀上推论阶梯的顶部时，你并没有意识到自己这么做了。在绝大部分时间里，你没有觉察到自己已经远离可观察到的信息并开始做出推论。所以挑战在于如何觉察。

当你做出推论并假定这是正确的时，你会强化推论。如图5.2中的箭头所示，你做出的推论会引导你去寻找信息来证实你的推论，而忽略与这些推论相悖的信息。因为你面对的许多情境可以有不止一种解读方式，你很容易把所处的情境用来证实你最初的推论。正是通过这一流程你把自己最初的推论转化成你眼中的事实，而没有验证这些推论是否正确。

觉察你的推论阶梯

为了检验自己是否在做出推论，你可以问自己一个简单但非常有力的问题："那个人的确是这么说或这么写的吗？如果不是，他表述的内容与我的看法究竟有哪些区别？"当你识别出那个人的说法与你得出的结论之间的差异时，你就能识别出你所做出的推论。

识别差异是一项挑战性工作。你需要仔细倾听其他人的表述，这样你可以准确记住他们表述的关键词而不是改变它们。你还需要监控自己的思考流程。你练习得越多，你就越容易发现差异。

请记住，这并不意味着你做出的归因或其他推论不正确。这只不过意味着如果你没有询问对方，你不知道这是否正确。这就是这一行为的目的，确保你做出知情的选择，否则你可能基于错误的信息行事。

走下阶梯：让你的推论得以检验

有时你做出的推论与你做出推论的信息相去甚远，我将其称为高阶推论。汉克做出的推论是，吉姆拿走他工作职责的一部分后不再归还，因为他害怕挑战唐娜，虽然她的团队不称职。这是高阶推论。为了确保这一推论正确，汉克不得不做出一系列其他推论，并且所有这些推论都必须是正确的。

如同在真实阶梯上攀登，做出高阶推论也会带来相同的问题。你爬得越高，风险越高。高阶推论更难以做出检验，因为这很容易让大家陷入防御。如果你是汉克，你的推论是，吉姆拿走了你工作职责中的一部分，因为他害怕挑战唐娜。你可能会这么问吉姆："你害怕唐娜吗？"或者更厉害一点："你是个胆小鬼吗？"无论是哪种说法都无助于从吉姆那里得到有用的反馈。他有可能感觉被你挑衅或侮辱了。你需要做的是走下推论阶梯，从而更接近信息，这有利于检验推论。图 5.3 说明了高阶推论与低阶推论的区别。

走下推论阶梯的第一步是询问自己："对方说了些什么，做了些什么，导致我做出这一推论？"当你向自己这么发问时，你会自然而然地走下推论阶梯并来到阶梯的底部，这是你可观察到的信息来源。这时你可以慢慢梳理自己的记忆并思考你最初认为你所听到的内容是否的确为对方表述的内容。吉姆真的说过他会拿走你的部分工作职责并不再归还给你吗？或者他真的说过他会把这个项目委派给唐娜团队管理而没有说何时归还吗？这一步不那么简单，要求你在识别可观察到的信息时对自己更为严苛。

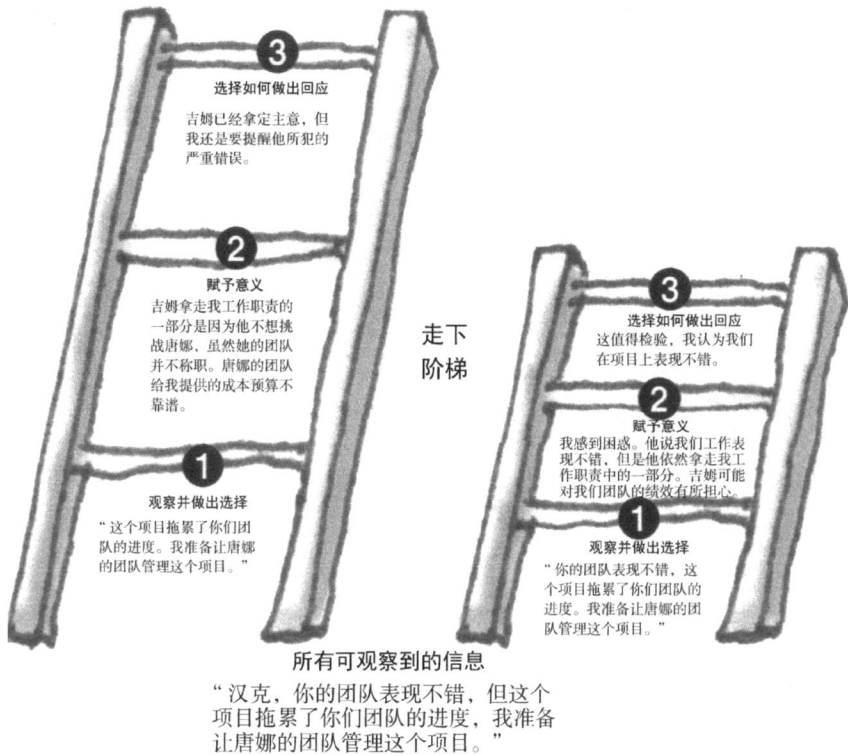

图 5.3 高阶推论与低阶推论的区别

第二步是询问自己："哪些解释更接近信息并更具开放性？"换而言之，做出的哪些推论不是那么高阶并具有开放性呢？在汉克和吉姆的例子中，汉克做出的推论是吉姆对于汉克团队的绩效有所担心，因为吉姆提到"这个项目拖累了你们团队的进度"。相比于推断吉姆害怕挑战唐娜，这是低阶推论。这也体现出汉克对吉姆的表述持开放态度。这个推论基于的基本假设是，吉姆行事时对汉克是抱有善意的，哪怕他没有全然保持透明。这一开放态度是同理心的一部分。

检验你的推论

当你生成的推论接近可观察到的信息并具有开放性时，你可以检

验你的推论。你先陈述你观察到的行为，因为这一行为导致你做出了这个推论，然后询问你的信息是否准确。汉克可以这么说："吉姆，刚才你说这个项目拖累了我们团队的进度，你准备把这个项目交给唐娜的团队管理，我听到的是对的吗？"假设吉姆说"是的"，那么汉克可迈向第二级台阶并检验推论。他可以接着说："我的猜测是你对我们管理这个项目的方式有所担心，是吗？"在这点上，吉姆可能说："不。我对你们团队的表现没有任何担心。我知道唐娜团队给出的成本预算很糟糕，这不是你们的错。"或者吉姆可能说："嗯，既然你提到了这点，我的确有些担心。"无论吉姆的回应是什么，汉克已经在检验其推论。只要继续保持好奇心，他可以了解更多信息。

当你展现这一行为时，你对自己的想法保持透明并担责，而且你对其他人的想法也心怀好奇。

在团队中检验推论

当你在团队会议上发言时，你的每个直接下属私下里会就你的真实想法编造故事。在离开会议室后，他们可能会私下里聚在一起，拼凑出他们心目中所认为的你想表达的真实看法，以及你这么说的理由。遗憾的是，大家检验各自推论的方式是凑到一起，询问彼此对于你表述的内容的看法。随后他们会拼凑出一个完整的故事，而这个故事在他们看来是合乎情理的。有什么问题吗？其实，你才是唯一知道自己真实想法的人。

在我为某组织的人力资源高管及其团队提供咨询服务时，这种情况出现了。以下是发生在团队负责人马克、我（罗杰）与团队成员格温之间的对话。

格温：马克总是在我们还没有结束谈话前就急匆匆地把我们赶出他的会议室。

罗杰：他究竟做了些什么让你这么认为呢？

格温：每次我提到某个事项时，他就会在桌面上敲打他的圆珠笔，口中不停地发出"嗯，嗯"的声音。

罗杰：你检验过你的推论吗？

格温：当然。我和办公室里的每个人都核对过。

罗杰：你指的每个人包括谁？

格温：团队中的每个人（她提及团队成员的姓名，他们证实马克在会议中也对他们有过同样的回应）。

罗杰：你们是否与马克检验过你们的推论？

团队成员：没有。

罗杰：你们为什么不问一下他呢？

格温：马克，当你在桌面上敲打圆珠笔，并且口中还不停地发出"嗯，嗯"的声音时，你是否想终止对话？

马克：完全不是。那只不过是为了帮助我跟上你们说话的节奏。这就好比说"我明白了这点，请继续"。我还感到奇怪，为什么你们在话题还没有讨论完的时候就终止了呢。

这个故事虽然简单，但颇为常见。其中启示有二。第一，你需要与推论的当事人检验你的推论。虽然与身处同一场景的人检验推论看似简单，但其实他们也会如你一样做出未经检验的推论。

第二，如果在团队中就某位团队成员给出的表述与表现出的行为做出推论，最终，你需要在团队中澄清你做出的这些推论，这样团队可就某位团队成员的真实意图达成共识。如果没有这一共识，团队成员会继续基于错误的推论行事。如果格温私下里与马克检验她的推论，而没有与所有团队成员分享他们之间的对话，他们就无法对整个团队担责，而整个团队也无从做出知情的选择；其他团队成员与马克互动时，依然会认为他不想与大家对话。这是区分你是向上司或直接下属担责还是向整个团队担责的分水岭。

我的经验告诉我，未经检验的假设是造成团队陷入困境的主要原因。如果团队成员了解交互学习模式的第一步就是检验他们做出的推论，他们将在业绩及建立良好的关系上取得巨大进展。检验推论还可以改善心理健康。你不用因为需要琢磨其他人的想法而感到担心或沮丧。相反，你可以发现其他人的想法，这样彼此可以更有效地利用间。

> 如果团队成员了解交互学习模式的第一步就是检验他们做出的推论，他们将在业绩及建立良好的关系上取得巨大进展。

行为 7：共同设计下一步

当你们共同设计下一步时，你与其他人一起设计，而不是为了其他人设计。共同设计是保持透明并心怀好奇的方式之一，这可以让对方做出知情的选择，增加了你获得可付诸实施的解决方案的机会，而且大家将对解决方案的实施做出承诺。

如果你没有与对方共同设计下一步，那会出现什么状况呢？设想一下你所参加的一次对你而言非常重要的会议，但主持人已经设定了会议流程，决定由谁来发言，发言的时间，以及哪些信息可以分享，哪些信息不能分享。如果你的观点与会议主持人有别，你可能马上意识到你无法影响会议结果，因为你无法影响主持人单方面设定的会议流程。你可能觉得所做出的决策原本可以做得更好，原因在于不是所有与会者都分享了相关信息。结果是，大家对于实施这些决策没有做出承诺。如果你采用单边控制模式来举行会议或开展对话，你现在可以想象一下其他人的反应。

你们可以共同设计任何步骤。例如，一起设计所有重要的关键点——如何做好会议的开场，如何确保会议不要跑题，如何解决分歧等。

会议开场：目的先于流程，流程先于内容

如果你们一起设计会议开场，请首先就会议目的达成一致，然后是会议流程，接下来才是会议内容。

就会议目的达成一致

如果是你出面主持会议，请让大家通过你的头一两句话就知道你召开此次会议的目的。目的不是会议所需讨论的话题，也不是会议流程，而是你为何要讨论这些话题，以及设置会议流程的理由。就会议目的达成一致，可以让大家知道他们为何出席此次会议，以及需要做出哪些贡献。"本季度营业额出现了意料之外的下跌，本次会议的目的是制订计划，找到问题的根本原因，以便尽快扭转不利局势。"当你陈述完目的后，你需要了解其他人是否持有不同看法或认为需要添加其他话题。"大家对于会议目的是否有不同看法？为了解决这个问题，是否还需要添加其他话题？"

就会议流程达成一致

下一步就团队即将使用的会议流程达成一致。如果没有就会议流程达成一致，大家将各行其是。团队成员会自然而然地把会议引到他们认为应该讨论的话题上，这合乎情理。但是，鉴于大家对于哪些话题需要讨论持有不同看法，这势必造成某些人认为另一部分人跑题了。如果团队没有就会议流程达成一致，跑题是再自然不过的事情了。

为了就会议流程达成一致，你可以这么说："根据会议目的，我提议会议流程如下，请大家参考昨天的电子邮件。首先，让我们轮流回顾一下各业务单元的业绩表现。当我们就业绩表现达成一致后，我们可以讨论业绩下降背后的根本原因。其次，我们将讨论所需采取的步骤。大家对于会议流程是否有不同看法？有什么需要补充？"如果不清楚会议流程，就没有必要规划会议的整个流程。你们只能就清楚的步骤达成一致。

最后，在大家深入讨论会议内容之前，你们需要明确决策流程。如果团队成员认为决策应该由大家共同做出而其实是由你一人做出的，他们会感到惊讶、沮丧。你可以这么说："我希望大家就决策达成一致，即给予毫无保留的支持。在我回复约翰之前，我们有两小时讨论这个话题。如果我们无法达成一致，我将根据我从会议中获得的信息做出决策。如果需要由我出面做出决策，我会在大家离开之前让你们知道我的想法。"现在，你已经准备好开始讨论流程中的第一步了。

不要跑题

有时你会认为某位团队成员跑题了。如果你认为劳伦跑题了，与其对讨论的话题施加单边控制，采用诸如"让我们回到会议主题上"

或"那与我们今天讨论的主题无关"之类的说法，还不如心怀好奇。你可这么说："我不理解你提出的外包话题与我们规划的会议流程有何关系？是我漏掉了什么吗？你能否帮助大家理解一下这两者之间的关系？"

在劳伦做出回应后，你和其他团队成员可以了解这两个话题之间的关系，而这些关系你们可能没有考虑到。如果二者有关联，团队可以决定是否需要探讨劳伦的话题，是现在探讨还是将来探讨。如果二者没有关联，你可以建议将其放置在以后讨论的相关话题中。

如果团队成员真的跑题，采用这种方式绝非仅仅为了让对方感到舒服。这是收起你的假设——认定你了解情况而其他人则未必，对其他人的观点心怀好奇并要求对方就他们的想法担责的方式，这样，团队可就如何更好地推进下一步工作做出知情的选择。

大家对于事实存在不同的看法，如何解决

当团队成员发现彼此持有不同看法时，他们试图说服对方相信他们的立场是正确的。当任何一方找到支持自己立场的信息却回避与其立场有别的信息时，分歧会升级。最终，失败者依然认定他们的观点是正确的。

但是，当你们共同设计检验分歧的方式时，情况就不一样了。假如这是发生在你和团队成员之间的对话，讨论客户服务的改变，对于该变化是否导致成本发生变化，大家持有不同的观点。你可以和大家一起制订方案，评估所提议的改变是否带来成本的变化及变化的幅度。共同设计检验方式时大家可就收集哪些数据及收集的流程达成一致。团队成员一起决定需咨询谁，设计哪些提问，使用哪些信息来源，考

虑哪些相关的统计数据等。无论你使用的方法是什么，鼓励大家就方法及如何利用所收集到的信息达成一致，这非常重要。

充满勇气的实验

如果你有工程学或科学背景，你可以把共同设计检验分歧看成一次实验。你和某位持有不同假设的伙伴一起开展实验。正因为你们共同设计，所以你们两人可一起设计实验方案，该方案足够严谨，能满足你们两人的想法。如果真是这样的话，你们两人将一起决定如何使用得出的结果，无论这个结果为何。

如同我介绍的其他行为一样，为了有效使用共同设计这一行为，你必须采用交互学习心智模式。这意味着你的看法发生了改变：从认定你是对的而那些持有不同看法的人是错的，转变为你们中的每个人都有可能错失对方没有看到的信息。共同解决分歧有助于团队成员做出知情的选择，而且他们更有可能对结果做出承诺，因为他们协助设计实验并接受其结果。

咯吱作响的沙发

下面这个通过共同设计检验分歧的例子来自我的亲身经历。我经常发现自己需要投诉质量问题。这起堪称经典的客户投诉案例与我购买了一个咯吱作响的沙发有关。当我告诉店主沙发咯吱作响时，他却告诉我这个沙发和其他售出的沙发别无二致。我建议我们两人可一起设计一个方法来检验这个沙发是否与其他售出的沙发一样。我的提议是，我们可以在他的仓库里随意挑选三个类似的沙发，坐上去，看是否会出现咯吱咯吱的响声。如果我购买的沙发出现响声，而其他沙发没有发出响声，那说明我的沙发低于正常标准，我可以免费更换一个沙发。如果仓库的其他沙发也发出响声，而我依然坚持想要一个没有发出响声的沙发，那我只能多付钱。他同意我提出的方法。我们两人在仓库大门碰头。

他请助理搬出来三个沙发，这三个沙发与我购买的沙发同属一个型号，颜色也一样。我们两人分别在这三个沙发上坐下去，站起来，然后再坐下去，看是否会发出响声，结果一个也没有发出响声。随后店主说："拿着这支笔，在不起眼的地方做一个小小的记号。这样，当你更换新沙发时，你会拿走做过记号的这个沙发，我们知道这个沙发在刚才试坐的时候是没有发出响声的。"非常聪明的举动。我们共同做出决定，看仓库里的沙发是否与我购买的沙发质量一样，他想确保这个做上记号的沙发来自仓库。这样，如果做上记号的沙发在我家里依然略吱作响，那我们可能会认为是我家的地板出了问题，而不是沙发质量有问题。

当我提议下一步轮到他派人到我家去看沙发是否略吱作响时，他回答："我会派助理去检查一下。"我说："我认为这个方法不合适。刚才我们一起在你仓库的沙发上试坐了一下。你我最好一起在我家的沙发上试坐一下，这样我们可一起获得相同的一手数据。"他同意了。第二天他出现在我家门口，带着两位助理，开着一辆卡车，卡车上装着坐过记号的沙发，以防万一。

我告诉店主那个略吱作响的沙发是哪一个，他坐了上去，还从一端移到另一端，然后站起来，又坐下去。接着他转头告诉助理："沙发是有问题。把车上的沙发搬进来。免费给他换一个。"

我问店主："你对我们处理分歧的方法有什么评论？"他的回答揭

示了他内心的真实想法。他没有谈到谁赢谁输。他的回应是："这真的是解决你我分歧非常公平的方式。"他告诉我这是他所经历过的最富有教育意义的一次客户投诉。

当店主带着那个咯吱作响的沙发离开后，我在新沙发上试坐了一下，一点响声也没有。我太太注意到我心满意足的样子，说："你对结果很满意，是吗？""当然，"我回复道，"这绝对不是空头理论，这真的有效。"

成功的关键在于事先店主与我共同设计用于检验分歧的流程，我们一致同意所需采取的行动。你们可在任何场景中使用这个流程并找到检验事实的方式，只要你们没有就事实达成一致。

共同设计的程度

你们没有必要共同设计每一步。当你们共同设计下一步时，没有必要从零开始。在上述沙发的案例中，我没有询问店主如何解决我们之间的冲突，我提出了解决思路并征求了店主的意见。

有时你的下一步计划已经完全成形，你可以向他人展示。在这些场景中，共同设计从陈述你提议的下一步行动或解决方案开始，然后，你可这么问："你们对我提议的解决方案有什么建议？我有没有漏掉什么？"共同设计的最低要求是，你就提出的解决方案真诚要求对方提供反馈并在做出决策之前认真思考对方的反馈。

有时你还没有准备好提出下一步计划，此时，共同设计可以这么开始："就下一步如何推进，我还没有任何成形的想法。让我们一起讨论一下如何制订合情合理的计划？"在这点上你和团队开始探讨话题并从零开始共同制订下一步计划。

共同设计下一步并没有唯一正确的方式。建议大家尽早将其他人纳入进来，这样，无论谁做出决策，都是基于正确的假设与信息，并尽可能满足利益相关者的利益关切。总体来说，你需要大家的承诺越多，你越需要让团队成员参与进来，你也越需要让团队更多担责，并在决策中扮演积极角色。

请记住，共同设计并不意味着你放弃做出最终决策的权力。这一权力来自你作为团队正式领导所拥有的权力。共同设计可发现你在什么时间点上把团队纳入问题解决的流程中，并决定下一步的行动方案是什么。无论你何时把团队纳入进来，下一步如何做出决策依然没有答案。决策是否需要团队达成一致？是否需要团队投票？是否需要由你出面做出最终决策？只有当团队无法在合理的时间内达成一致时，你才会做出最终决策。这些都是在共同设计结束之际需要考虑的选项。

▎行为 8：讨论不便讨论的话题

其实，最后一种行为涉及如何在挑战的情境之中使用其他七种行为。回忆一下上一次你在会议现场向同事抱怨这次会议纯粹是浪费时间的情境。你可能抱怨某位团队成员从来没有做好准备，或者有人控制对话，或者所有与会者虽然在会上表示他们能够在项目截止日期前完成，但私下里他们都知道无法做到这点。会议开始后，不出你所料，会议进展不顺利，没有人发言，你也一声不吭。当你和同事回到自己的办公室时，你开始表达对团队的不满。

听起来颇为熟悉？如果是的，你所面对的就是不便讨论的话题。

不便讨论的话题是那些与团队工作有关但没能在团队中解决的问题，这些问题原本应该在团队中解决。不便讨论的话题可能涉及一位或多位团队成员的绩效，他们的工作质量、数量或时间给整个团队带来负面影响。那位团队成员可能就是担任团队领导的你。一份研究发现，近乎一半的团队成员认为领导的管理行为，其中包括他们上司的领导方式，是不便讨论的话题。这可能与整个团队的行事方式有关。我提供咨询服务的某软件公司的领导团队总面临新版软件延迟发布的问题。团队中的每个人都知道这个问题，但每个人的行事方式就好像没有这回事儿。没有人在团队中讨论这个问题，但几乎所有人都在其他场合抱怨这个问题，包括在他们信任的人或赞同他们看法的人面前。

> 不便讨论的话题是那些与团队工作有关但没能在团队中解决的问题，这些问题原本应该在团队中解决。

人们通常不会提出不便讨论的话题，因为这么做可能会让某些团队成员感到尴尬或陷入防御。他们试图为这些团队成员挽留颜面，当然也包括他们本人。简而言之，他们将提出不便讨论的话题看成缺乏同理心的表现。另一个原因是人们不喜欢提出不便讨论的话题，因为他们认为这会带来冲突，而他们不喜欢冲突。

遗憾的是，许多人过高估计了提出不便讨论的话题所带来的风险，而低估了没有提出这个话题所产生的风险，尤其是他们会忽略因没有提及不便讨论的话题所带来的系统性负面后果，而且是让人感到残酷的后果。假设三位团队成员，希瑟、卡洛斯和斯坦对于另两位团队成员林恩与吉姆的糟糕绩效感到担忧。他们担心这两位的表现会影响其他团队成员，让大家难以取得出色绩效。如果希瑟、卡洛斯与斯坦没有当着林恩与吉姆的面提及此事，他们依然在林恩与吉姆的背后提及此事。而林恩与吉姆并不知道其他同事对他们的担心，他们无法就是否改变行为做出知情的选择。因为林恩与吉姆没有改变行为，希瑟、卡洛斯与斯坦依旧私下对这两人的行为抱怨不已，与此同时却没有分享本可改变局面的信息。另外，他们三人可能没有意识到恰恰是他们本身造成了这个问题，因为他们没有直接告诉林恩与吉姆他们的绩效不佳。他们错失了机会了解林恩与吉姆两人对于自身绩效不佳所给出的合理解释是什么。随着时间的推移，团队成员的工作关系与绩效可能进一步恶化。我认为这才是无效与缺乏同理心的表现。

你可能会这么想："我为何要在整个团队中提出此事？我为何不能单独与林恩或吉姆沟通？"当你单独与林恩或吉姆沟通时，你的假设是你对于林恩行为的看法是准确的，而其他团队成员同意你的看法。如果林恩认为其他人的看法与你不一样，你可能会单方面提出解决方案而没有把这个问题提交给整个团队。另外，林恩可能会认为她的行为中的一部分源自其他团队成员未能完成他们的任务。

另外，如果你和林恩找到解决方案，林恩改变了她的行为，其他团队成员可能会感到奇怪，不知道发生了什么事情。你的解决方案现在又在原有的问题之上产生了另一个不便讨论的话题。

虽然不便讨论的话题最终依然需要团队出面解决，但是你可以从团队之外开始。你可以找到林恩与吉姆，告诉他们你担心他们的工作表现会影响你及整个团队。你可以告诉他们你不想马上当着整个团队的面提出此事，因为你不想让他们身陷防御。相反，你希望与他们一起找到在团队面前提出这个话题的方式从而满足你和他们的需求。

虽然讨论不便讨论的话题相比于其他行为在情绪上更为挑战，但

从原理上来讲并无特别之处。为了讨论不便讨论的话题，你需要使用所有其他行为——陈述观点并真诚发问，分享相关信息并给出具体例子，检验假设与推论，共同设计下一步，等等。或许讨论不便讨论的话题最重要的是与他们沟通时要心怀好奇，并避免对其他人的行为或他们这么做的理由做出不成熟的负面判断。

再次强调一下，不便讨论的话题是指与团队工作有关并给团队带来负面影响，但是团队成员无法在团队中予以解决的问题。以下是相关例子。

◆ 某 CEO 几乎把他的高管团队全部换了一遍，有些职位还不止一次。但是，他手下的高管没有与他从团队的角度来探讨他本人的领导风格对于居高不下的流失率及糟糕业绩的影响。

◆ 某副总裁认为他的高管团队没能把注意力放在战略性话题上并在这个话题上有效履行职责，但这位副总裁试图让大家自行发现问题，他本人没有出面直接提出相关话题。

◆ 某高管团队没有告知组织发展负责人他们已经从外部招募了一位咨询顾问，因为大家认为这位组织发展负责人并不具备与高管一起共事的能力。

只要团队成员没有使用交互学习模式的核心价值观，不便讨论的话题就会不断涌现出来并难以解决。团队成员并没有对严重影响团队表现的问题保持透明或心怀好奇，也没有为这些问题彼此担责，所以团队也无法就如何解决这些问题做出知情的选择。

不便讨论的话题带来的成本

假设两位团队成员格雷戈与洛利担心另两位团队成员艾丽卡与彼

得拖累团队的表现，导致团队无法达成该财政年度的目标，这个话题已经在数个场合被提及。在前往会场的途中，格雷戈与洛利不断向对方抱怨艾丽卡与彼得的表现。会议中，当艾丽卡与彼得的行事方式妨碍团队做出关键决策时，他们会意地对视了一下。无论是格雷戈还是洛利，他们在会议中一言不发，但是会议一结束，他们就开起了小会，继续互道苦水。他们把自己的担心告诉经理或其他人，这样，他们对于艾丽卡与彼得的担心变成了公开秘密。如果团队依然需要艾丽卡与彼得的协作，那么这个问题非在团队中解决不可，否则团队将无法达成任何决议。

在团队中讨论不便讨论的话题

你已经知道你们中的绝大部分人需要就不便讨论的话题展开讨论。讨论不便讨论的话题所需具备的技能与心智模式与你所采用的其他高效对话的行为准则是一样的。就不便讨论的话题展开讨论变得更为挑战的原因是你从中体验到的情绪，如沮丧、愤怒、失望、羞辱、害怕等，这里只列举数项。这会导致团队成员不愿担责，害怕提出这个话题，更不要提讨论这个话题了。

正如我在第三章中描述的，对于采用交互学习模式的团队而言，团队成员需要为提出不便讨论的话题担责。他们不会对问题采取视而不见的方式，也不会把问题转嫁到团队领导身上。当他们提出这个话题时，他们知道这会给整个团队带来影响，最终他们在整个团队中讨论这个话题。

心怀好奇并富有同理心将对讨论不便讨论的话题带来重大影响。无论你是团队的正式领导还是成员之一，你可以遵循以下六个步骤。

步骤一：陈述你想讨论的话题及讨论的原因。

步骤二：如果有关，分享你对于风险的担心并试着降低风险。

步骤三：如果合适，询问其他团队成员是否愿意加入讨论。

步骤四：共同设计推进对话的方式。

步骤五：在整个团队中开展对话，如果你起初没有提出这点的话。

步骤六：与团队一起重复步骤一至步骤四。

步骤一：陈述你想讨论的话题及讨论的原因。讨论不便讨论的话题的最佳方式是，一旦话题出现，马上提出这个话题。会议之初就亮出你对于不便讨论的话题的态度：不要让主旨被无关紧要的细节左右。如果你对这个话题采取旁敲侧击的方式，你本人的焦虑或其他同事的焦虑还将继续蔓延下去，因为大家希望尽早发现你的顾虑究竟是什么。马上提出这个话题可以让其他人或你本人克服因不确定性与焦虑所带来的情绪烦恼。

如果你是团队领导，你担心直接下属没有就团队做出的决策担责，请说出来。一个通用的简单说法是："我想和你讨论一下有关 X，原因是 Y。"在工作中，你可能会这么说："相比于各位，我的担心是，我可能为这个团队承担了过多的职责，但这对团队的长期发展不利。我想讨论此事的原因是我担心这会削弱团队对市场机遇做出迅捷反应的能力。"

如果团队在交互学习模式上颇具经验，没有必要与某个团队成员单独沟通后才与整个团队讨论不便讨论的话题。但是，对于许多团队而言，当团队成员本身就是不便讨论的话题的当事人时，或者直到有人在团队会议中提及此话题时他们才第一次知道，团队成员很容易陷入防御。虽然不便讨论的话题最终依然需要团队出面解决，但是你可以先从团队之外开始。如果你们是格雷戈和洛利，你可以这么表述："艾丽卡和彼得，我们想和你们讨论一下，因为我们担心你们的表现让整个团队难以达成目标。我们认为，其他团队成员可能也有同样的感受，但是我们不想马上在团队中提出这个话题，因为我们担心这会让你们陷入防御。相反，我们想和你们讨论一下我们看到了什么，然后我们四人一起找到可在整个团队中提出这个话题的方式，这样可以让大家都能接受。我们可能只看到了事情的一面，我们保持开放，因为我们也有可能是我们所关注的问题的始作俑者。"

步骤二：如果有关，分享你对于风险的担心并试着降低风险。话题经常变得不便讨论的原因是大家对于可能出现的反弹表现出顾虑。如果你是团队的领导，你可能担心一旦你提出不便讨论的话题，大家会退出讨论，而这会让情况变得更糟糕。作为团队成员，如果你隐瞒了与团队领导有关的不便讨论的话题，你可能担心这会导致你失去信誉或声誉，损失职业发展或个人收入提高的机会，并影响你与上司之间的关系，甚至因为公司裁员或其他事情而丢掉饭碗。作为团队成员，如果你隐瞒了与其他团队成员有关的不便讨论的话题，你可能会失去与你共事的团队成员所能提供的支持。

如果你提出某个你想讨论的话题，而你对于其他人的所作所为及尚未发生的行为所表现出来的担心经常基于未经检验的推论、假设或归因，这时挑战出现了。如果你提出了与你的上司有关的话题，你可能听说过其他人因提出过类似的话题，结果发现自己与上司的关系更糟糕了或自己被边缘化了。

你对于提出这一话题所表现出来的担心本身就是不便讨论的话题，这依然属于不便讨论的话题的范畴。当你挑明自己的担心时，你就让解决这个话题变成了可能，并就你如何处理这个话题做出了知情的选择。

提出你的担心，你可能会这么说："在与你讨论这个话题之前，我担心自己可能会因为提出这个话题而面临风险。我想跟你谈谈我所担心的风险，看看你能给我提供什么保证，如果有的话。"

在某些方面你需要自行判断冒险提出讨论不便讨论的话题是否值得。考虑到这点，团队领导会错误地强化提出这个话题所带来的负面影响，弱化讨论这个话题所产生的正面影响。

步骤三：如果合适，询问其他团队成员是否愿意加入讨论。如果你们没有就讨论不便讨论的话题达成一致，你可以询问："你愿意讨论这个话题吗？"如果你与直接下属讨论，更为稳妥的提问是"现在是讨论这个话题的时机吗"。作为领导，你的部分职责就是由你出面解决下级提交上来的问题。

步骤四：共同设计推进对话的方式。如同任何对话一样，在就会议目的达成一致后，你们可以共同设计推进对话的方式。如果你们是格雷戈和洛利，你们可以说："我们想一起讨论一下如何开展对话并取得成果。我们想首先分享一下具体的例子，来说明我们为何有此担心，然后我们可以讨论这会带来何种影响。如果你们对于例子或影响有着不同的解读，请提出来，我们讨论一下看大家能否达成共识。最终，我们希望就如何在整个团队中讨论这个话题达成共识。我们保持开放，因为我们可能会错失一些信息，而且我们也有可能是问题的始作俑者。

不知各位对于对话的推进方式有何看法？"

步骤五：在整个团队中开展对话，如果你起初没有提出这点的话。假设你起初没有在团队中提出这个话题，下一步是基于你们在会议中所达成的一致在整个团队中提出这个话题。在上述例子中，洛利、格雷戈、艾丽卡与彼得一起向整个团队提出这个话题。

步骤六：与团队一起重复步骤一至步骤四。四位团队成员将向团队提出这个话题并总结他们四人业已达成的共识。这可以确保团队中的每个人享有相同的相关信息。在这点上，洛利、格雷戈、艾丽卡与彼得将与整个团队一起重复步骤一至步骤四。

我曾说过，谁与谁的花边新闻不是什么不便讨论的话题，那只是谣言，因为不便讨论的话题必须与团队的有效性有关。直到我为某高科技公司的销售副总裁提供咨询服务时，我的看法才发生改变。这位副总裁让我们姑且称呼她为罗茨。罗茨与她的团队一起准备年度大会，这是公司最重要的销售场合。团队成员需要紧密配合来确保大会的各项工作顺利推进。遗憾的是，团队中的两位成员互不理睬，因为其中一位与另一位的太太有染。绝大部分同事都知道此事。团队成员都装作若无其事，但工作的沟通与计划的安排经常出现断档。罗茨担心大家虽然身在大会，但心思没有放在销售上，这会影响公司的销售业绩。

罗茨一方面不想提出这个话题，另一方面她也意识到不提出这个话题所面临的风险更大。首先，她与两位当事人沟通。她告诉他们为何需要在团队中处理这个话题。随后他们一起与整个团队会面。对话的焦点放在共同找出如何通过紧密协作应对当前的挑战上。为了识别问题并规划解决问题的方式，团队必须讨论不便讨论的话题——三角

恋，但对话的核心依然放在如何一起共事上。

▍小结

以下是第五章所讨论的交互学习模式行为的快速总结。

5．聚焦利益而非立场。

◆ 获得承诺的四个步骤：

　　—识别利益。

　　—就解决方案需考虑的利益达成一致。

　　—制订满足利益的解决方案。

　　—选择解决方案并付诸实施。

◆ 为何构建赞成－反对清单的方式不能奏效。

◆ "除非你找到解决方案，否则别提出问题。"

6．检验假设和推论。

◆ 觉察你的推论阶梯。

◆ 检验你的推论。

◆ 在团队中检验推论。

7．共同设计下一步。

◆ 会议开场：目的先于流程，流程先于内容。

◆ 不要跑题。

◆ 大家对于事实存在不同的看法，如何解决？

8．讨论不便讨论的话题。

◆ 不便讨论的话题带来的成本。

◆ 在团队中讨论不便讨论的话题。

　　—步骤一：陈述你想讨论的话题及讨论的原因。

　　—步骤二：如果有关，分享你对于风险的担心并试着降低风险。

　　—步骤三：如果合适，询问其他团队成员是否愿意加入讨论。

　　—步骤四：共同设计推进对话的方式。

　　—步骤五：在整个团队中开展对话，如果你起初没有提出这点的话。

　　—步骤六：与团队一起重复步骤一至步骤四。

　　你可以回顾第四章结尾处所列举的行为清单及所涉及的行为。请记住，八种行为的目的是将交互学习模式付诸实施。交互学习模式的威力来自心智模式。如果你在展现行为时没有采用这一心智模式，其他人会发现你采用的不过是更新颖、更复杂的单边控制模式。他们往往是对的。

第六章

为交互学习模式而设
计团队结构与流程

你认为谁对一艘船的性能最有发言权？ 绝大部分人认为是船长、轮机长或领航员。但我认为最有发言权的是这艘船的设计师。设计师的设计方案决定了这艘船可以航行多远，速度多快，能以多快的速度转弯，面临恶劣海况时能给船员提供多少保护。设计方案还决定了这艘船的性能所能达到的上限。当然，船员的聪明才智及他们的协作方式决定了他们能在多大程度上体现出这艘船的设计性能。但是，无论这艘船的船长或船员如何出色，他们无法使这艘船的性能超越其设计上限。要想做到这点，除非他们能改变设计中的某些元素。

这一幕恰好发生在类似造船业的航空工业中。如果从 1998 年以来你经常乘坐飞机的话，你可能注意到老式飞机重新安装了翼尖小翼，也就是将机翼的顶端向上折叠近 90 度。就是机翼设计中的这么一个微小改变却能让飞机飞得更远、更快，噪声更低，耗油更少。

你的团队也一样。你如何设计团队或重新设计团队决定了团队绩效的上限。与轮船或飞机不一样的是，团队不需要重新设计各种形状的零部件。团队拥有结构与流程，即团队成员之间不断重复发生的相似的互动模式。当你设定了团队成员扮演的角色及奖励机制时，你在设计团队结构。当你和团队成员就你们解决问题、做出决策及管理冲突的方式达成一致时，你在设计团队流程。某些结构与流程是正式的，你的团队已经就此明确达成一致。其他的结构与流程则是非正式的，构建时尚未经过讨论。无论是哪种情况，只要团队不断重复可体现结构与流程的行为，这些结构与流程就会存在。一旦这些行为终止了，团队结构与流程也就消失了。

你的团队结构与流程能应对挑战吗？如果设计到位，团队可应对挑战，如保持高绩效，改善工作关系，提升团队成员的幸福感。

如今，经营环境对高管团队提出的要求远胜过往。如同大部分高管团队那样，你们将面临复杂的挑战，这要求大家不仅能给团队提供并整合大量信息，还可提供不同观点，并迅速做出决策。你所面临的挑战是多维度的，没有人知道所有答案。每个团队成员可能都很聪明，但作为一个整体要想在事关重大利益的决策中表现卓越，你们必须互相学习。团队发生冲突的概率非常大。你在设计上做出的选择将在很大程度上决定你的团队是否可以应对这些挑战。

设计团队结构与流程时请考虑你的心智模式

在设计团队结构与流程时，需要嵌入核心价值观与假设，而团队设计的每个要素都要体现设计者的心智模式。面对挑战，如果你习惯于单边控制模式，你很有可能在设计团队时也采用了这一心智模式，至少部分如此。这意味着你将单边控制模式的一个或多个核心价值观或假设嵌入了团队结构与流程中，哪怕这不是你的意图。

设计团队结构与流程时采用单边控制模式所带来的问题是单边控制模式将导致你极力希望避免出现的结果。我们在第二章中讨论了这点。其应对团队挑战的方式是减少本可分享给所有团队成员的信息，抑制大家的好奇心，削弱团队成员做出知情的选择的能力，减少团队成员互相担责，而这会造成团队绩效下滑，工作关系恶化，团队成员幸福感降低。

绩效评估流程可提供大量实例。例如，我提供咨询服务的某组织强调与直接下属讨论绩效时，上级应采用对话形式，也就是说，经理需了解直接下属的想法。这是体现交互学习模式的一个例子。但是，绩效评估流程的设计思路是经理首先评估下属的绩效，找出支持其结论的例子并起草改进计划，这些都发生在上级与直接下属会面之前。评估流程从未考虑在某个时间点经理可停下来询问直接下属对于评估是否持有不同看法，或者经理本人是否错失了某些信息。即使考虑了这些措施，一旦遵循绩效评估流程并给出绩效评分后，经理也很难做到心怀好奇，了解直接下属对于绩效评估的看法。

其他组织则更难做到心怀好奇。他们要求团队领导在绩效对话之前先签署直接下属的绩效评估报告。这一先发制人的举措是为了确保团队领导给出公平的绩效评定等级。但是，这让经理更难以做到对下属的想法心怀好奇，因为一旦有迹象表明之前的评估错失了下属绩效表现中的某些关键因素，这位经理将不得不回到他的上级那里纠正之前提交的绩效评估结果，并说明为何这位下属应得到更高的评定等级。鉴于这样的流程设计思路，经理的好奇心很容易屈从于他为最初给出的评定等级而辩护的决心。

在其他团队中，绩效评估流程设计背后的假设是，评估下属绩效的领导不是问题的始作俑者。结果是，如果直接下属开始谈及团队领导可以采取什么不同的举措来帮助他改善绩效，那绩效评估流程会要求团队领导把对话从这一话题上引开并重新回到下属本人的绩效表现上。这意味着绩效评估流程并不承认直接下属的绩效受到两人工作关系的影响。至于识别领导在两人关系之中所应承担的责任那就更加无从谈起。

在许多团队中，领导对于直接下属的评估来自下属的同事所提供的评价。但是，流程中没有任何地方可以让领导分享或透露信息来源。结果是，团队成员无法做到互相担责。

正如你通常难以觉察到你是如何运用你的心智模式来指导你的行为的，你也无法觉察到你是如何运用你的心智模式来设计团队要素的。你本人无意采用削弱团队有效性的团队设计，这是你的心智模式所致。这就是当团队领导看到团队没有始终如一地遵循他们所标榜的核心价值观和假设时感到惊讶不已的原因之一。团队设计体现了不同的价值观与假设，这有别于团队领导或团队成员所极力标榜的价值观与假设。

> 正如你通常难以觉察到你是如何运用你的心智模式来指导你的行为的，你也无法觉察到你是如何运用你的心智模式来设计团队要素的。

除了结构与流程，团队设计还涉及塑造团队所处的情境。图 6.1 揭示了心智模式与团队设计之间的关系及其带来的结果，这为接下来的讨论做好了铺垫。

全景图：结构、流程、情境

团队结构包括团队相对稳定的团队特征。当一想到结构时，人们通常会联想到组织结构，也就是谁向谁汇报等。但是，团队结构还包括使命与愿景、团队成员，以及每个团队成员所扮演的角色。

团队流程是指如何做而不是做什么。为了确保团队有效性，团队需要管理一些流程如解决问题及做出决策等。构成团队结构的是一些稳定而重复发生的流程，其源自团队成员彼此持续互动时所采用的相同方式。

团队情境是指影响团队工作方式的上一级组织要素，包括组织的使命是否清晰，组织文化是否能提供足够支持，以及在多大程度上组

心智模式

价值观

保持透明
心怀好奇
知情的选择
担责
同理心

假设

我有些信息，其他人也有些信息
我们每个人都会看到其他人没有看到的方面
人们虽与我观点有别，但他们的动机依然单纯
差异是学习的机会
我可能是问题的始作俑者

设计

团队情境

清晰的使命与共享的愿景
支持性组织文化
与组织目标一致的奖励机制
信息，包括反馈信息
资源
培训与咨询
实体环境

团队结构

清晰的使命与共享的愿景
清晰的目标
激动人心的任务
合适的团队成员身份
清晰界定的团队成员角色，包括领导角色
有效的团队文化，包括交互学习模式行为
团队规范
合理的工作负担

团队流程

有效的问题解决
做出合适的决策
有效的冲突管理
平衡的沟通
清晰的边界管理

结果

绩效

决策质量更高
创新更多
实施时间更短
成本降低

工作关系

承诺更多
信任增加
学习效果提升
防御降低
有效冲突更多
彼此适度依赖

个人幸福感

动力增加
满意度提升
发展机会增多
压力减少

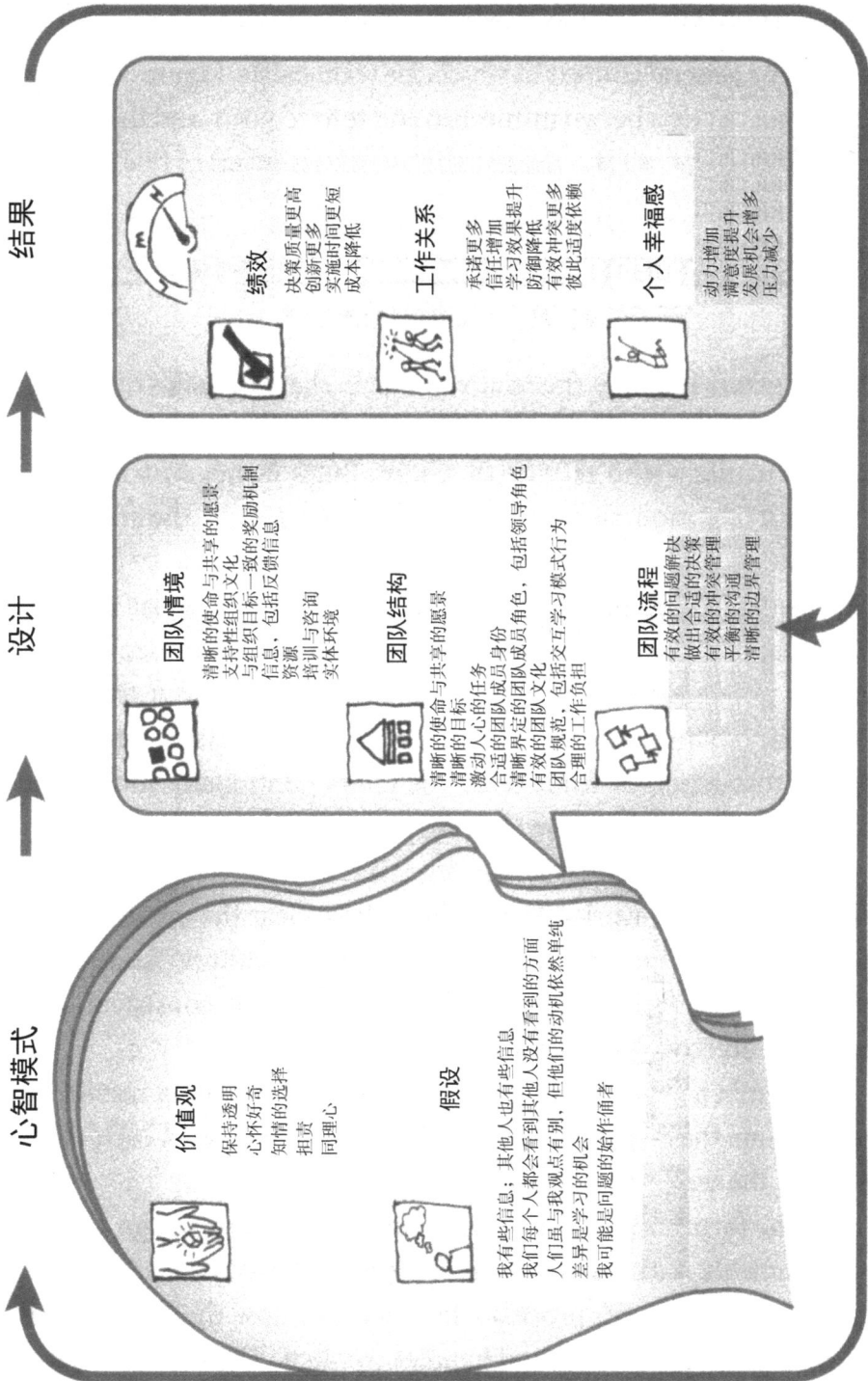

图 6.1　团队有效性模型

织设计的奖励系统可与团队目标及工作方式保持一致。

请记住，团队是一个系统。为了取得最佳结果，所有构成系统的要素不仅需要彼此保持一致，而且需要与心智模式保持一致。

作为团队领导，你比任何其他人都拥有更多权力来设计团队要素。通常，团队领导拥有设计团队流程的权力，如团队如何做出决策、解决问题及应对冲突等。这是因为团队流程通常聚焦在团队的内部工作上。谈到团队结构，你可能拥有设定团队目标与角色的权力，但你需要与上级协商后才能确定团队的使命与愿景，当然，如果你的组织采用矩阵结构，你还需要请教其他人的看法。最后，你在多大程度上影响团队情境取决于你在多大程度上能从上一级组织那里获取资源并影响彼此的互动。你的高管团队在组织内的级别越高，你拥有的权力也就越多。

团队设计的每个要素——结构、流程、情境都会影响团队结果，而交互学习模式会对这些要素产生影响。虽然上述要素非常重要，但在讨论细节之前，请思考与团队结构有关的一个根本问题：你的团队是真正的团队吗？

你的团队是真正的团队吗

为了完成工作，你没有必要非选择团队不可。这里的关键是团队结构在多大程度上与团队成员之间的互相依赖保持一致。如果团队成员彼此并不需要互相依赖，那么组建一个真正的团队未必是必选项，团队领导与大家单独会面后，可以直接做出决策，甚至当着大家的面他也可以这么做。但是，如果团队成员真的需要互相依赖，没能组建真正的团队将降低团队的有效性。

> 如果团队成员彼此并不需要互相依赖，那么组建一个真正的团队未必是必选项，团队领导与大家单独会面后，可以直接做出决策，甚至当着大家的面他也可以这么做。但是，如果团队成员真的需要互相依赖，没能组建真正的团队将降低团队的有效性。

例如，我曾经为泰德·伯顿（这不是客户真名）提供咨询服务。他担任某全球性运输公司的副总裁。他领导的 22 人团队负责公司的车队维修与保养服务。他所在的组织面临多个挑战，其中之一就是供应链所造成的损失一年超过 2.5 亿美元。他确信这不是技术问题，而是团队工作方式的副产品。

我与泰德及其团队会面后，我们一起讨论他们所面临的挑战以及我可以提供什么样的帮助。对话之中，我明显地感受到团队所需解决的是一些更为基本的问题。最后，我对大家说："我认为一个最为根本的问题是你们不是一个真正的团队。"我随后向他们解释了团队成员并没有围绕某项基本任务形成互为依赖的关系。会后，泰德告诉我，当我在会议中提到这点时，他感到有些郁闷，但随后他马上意识到我的说法是对的。他的团队并不是一个真正的团队。

数月之后泰德告诉我，他最终接受了他的团队不是一个真正的团队这一说法。他还意识到许多下属彼此并不存在互相依赖的关系。另一家咨询公司也证明了这点。下属所负责的业务板块其实是独立运营的，没有必要整合在一起。泰德重新思考了是否有必要继续保留原有的团队。当他把团队规模压缩到大家非协作不可的地步后，他终于建立了一个真正意义上的团队。

衡量团队是否为真正的团队的标准：

◆ 有适合团队完成的工作任务。

◆ 团队成员角色界定清晰。

◆ 团队成员稳定。

有适合团队完成的工作任务

在真正的团队中，团队成员一起工作来发现并解决问题，给出建议，共同做出决策。围绕团队的工作任务大家形成彼此依赖的关系，他们也是这么看待彼此的关系的。他们认为有待解决的问题不仅对每个人所负责的领域带来影响，而且对整个组织也带来影响。结果是，当考虑到自身所负责的职能部门的利益时，他们做出的决策也会影响整个组织的利益。正如某副总裁对其团队所说的，"我希望你们中的每个人都能压缩部门预算，只有这样我们才能提升整个团队的绩效"。要想成为真正的团队，摆在他们面前的应该是适合团队完成的工作任务。

许多高管团队所需完成的工作任务并不是真正意义上的团队工作任务。例如，某高管团队的团队成员各自负责不同的业务板块，如市场、产品、客户或技术等，彼此没有多少交集，也不存在什么互相依赖的关系，除非组织战略发生重大变化。与此相似，多位销售总监的各自职责是完成销售副总裁下达的指标，他们彼此并不存在多少协作关系。如果每位销售总监可达成个人目标而不至于影响其他人的目标达成，他们之间就不是互相依赖的关系。所谓互相依赖，是指销售副总裁与总监需要就销售目标的达成及达成方式共同担责，并一起承担没有达成所产生的后果，无论是出于完成他们各自的目标抑或其他人的目标。

其他高管团队遇到的是不同的问题。团队成员虽然彼此依赖，但他们没有看到这点。

团队成员角色界定清晰

如同团队成员彼此担责，那么他们需要知道谁是团队中的一分子，谁不是。理查德·哈克曼及其同事的一项研究表明，当被问及谁是团队的一分子时，只有不到 7% 的高管团队能够就他们的回答达成共识。这个问题并不只是发生在团队成员身上。我曾为某高管团队提供咨询服务，他们居然无法告诉我高管团队的成员具体包括哪些人。

我的经验告诉我，一旦团队成员身份无法明晰，团队就会出现两个小团体：核心团队，他们的身份不言自明，所有人都知道他们是谁；由一帮助理组成的小团队，他们可能属于团队，也可能不属于，但他们本人并不确定这点，其他成员也不确定，也有可能大家都不清楚他们是否属于团队。团队成员身份不清晰的原因往往不止一个。例如，团队领导从未正式宣布团队由哪些人组成。一种可能是团队领导安排某人担任新角色却不愿意将其纳入团队之中，或者从高管团队中移出。还有一种可能是团队领导没有把某个团队成员纳入团队之中，但是从组织程序上讲，应该纳入其中。无论是何种原因，团队成员角色不清会削弱整个团队的有效性。

团队成员稳定

最后，真正的团队需要保持团队成员稳定（当然，保持团队成员稳定是有帮助的）。让整个团队理解团队目的并就目的达成一致，然后就大家一起开展工作的方式达成一致并将这些想法付诸实施且不断改善，

这都需要花费时间。如果团队经常出现人员流动，那整个团队就无法从大家共同打造的基础中受益。团队成员不得不花费大量时间来帮助新成员适应团队并了解大家一起共事的方式。

是真正的团队还是名义上的团队

你能区分出哪些团队仅仅是名义上的团队吗？团队成员认为没有必要参加团队会议，在他们看来，这是浪费时间。即使的确出现在会场，他们也经常走神，参与度也不高，除非讨论的话题与他们负责的业务有关。哪怕团队成员真的参与其中，他们只会关注自身利益而非业务体系的整体利益。他们或一言不发或埋头刷手机。他们并没有展现出好奇心，也不愿担责，因为他们认为这些事情与他们关联不大。我曾为某高管团队提供咨询服务，其中一位成员曾问大家："我们究竟是单兵作战的体操队还是联合作战的冰球队？"

只有当你的团队是真正的团队时，你们才能一起提升团队有效性。询问你自己："我的团队达到真正的团队的标准了吗？"如果你的团队是真正的团队，那么你可审视团队结构是如何带来不同的结果的。（如果不是，你或者把团队打造成真正的团队或者退而求其次，让大家关注各自的业务，这样，你反倒可以提升大家的幸福感。）

团队结构

有效团队结构的要素：

◆ 清晰的使命与共享的愿景

◆ 清晰的目标

◆ 激励人心的任务

◆ 合适的团队成员身份

◆ 清晰界定的团队成员角色，包括领导角色

◆ 有效的团队文化

◆ 团队规范，包括交互学习模式行为

◆ 合理的工作负担

清晰的使命与共享的愿景

使命就是团队的目的。使命回答了"我们为何存在"这一提问。团队通过实现目标得以履行使命，而目标实现又离不开各项工作任务的完成。愿景是团队成员在头脑中构建的有关未来的画面，这是组织渴望实现的未来。如果说使命澄清了团队存在的目的，那么愿景则说明了使命实现后团队看上去是什么样的及团队的行事方式。使命和愿景一起为团队提供了激发团队、指导团队的意义。我曾在多家公司的会议室墙上看到写有团队使命和愿景的海报，但使命和愿景的价值在于团队成员为实现使命和愿景所做出的共同承诺，而不仅仅是张贴在墙上的装饰物。

最终，践行团队使命是你作为团队领导职责的一部分。作为采用交互学习模式的领导，你不能只是描绘一份激励人心的蓝图，然后指望大家报名加入其中。一旦采用交互学习模式，你需要对使命保持透明，也需要对团队为何采纳这一使命而不是其他貌似可信的使命做出解释。如果其他人对使命有不同看法，你对此应心怀好奇，你希望将他们的利益与看法整合起来。哪怕最终没有把其他人的建议整合到使命中，你也需要出面解释你的理由。你可以要求团队成员表态他们是

否愿意对你和团队构建的最终版本的使命做出承诺，由此你可以要求他们担责。认为团队成员对团队使命做出承诺不过是因为他们是团队的一分子，这一假设过于笼统，有待检验。

使命和愿景充满个性化色彩。对于做出承诺的团队成员而言，使命和愿景需直击他们的内心，引发他们的共鸣。如果团队成员没能对使命做出承诺或未能履行使命，你的回应需表现出同理心而不是把这看成挑衅或背叛组织。与此同时，你可以帮助那些团队成员找到适合他们的团队。

清晰的目标

团队目标需足够清晰，这样团队成员可就目标的含义及所取得的进展达成一致。团队的目标需要与整个组织的使命与愿景保持一致。在采用交互学习模式的团队中，目标是你与整个团队一起设定的，这样团队成员可做出知情的选择，他们对这一选择做出承诺并愿意担责。研究表明，面对目标选择时，有较高追求的团队领导会设定挑战性目标，这些目标大约有五成的实现机会。

激励人心的任务

如果团队任务不够激励人心，即使团队成员彼此依赖，大家依然会显得漠不关心。成为新组建的总部项目团队成员的一位高管告诉我，如果项目团队的领导只是告诉大家需做些什么及如何做，那么他就是在浪费大家的聪明才智。团队领导虽然对这个项目充满激情，但是他设计工作任务的方式浇灭了大家的工作热情。如何让团队任务变得激励人心？团队领导不需要思考如何把他本人塑造成富有人格魅力或热

情洋溢的领导，而需要思考团队任务本身。某些团队设计工作任务
的方式让工作变得无趣；而另一些团队设计工作任务的方式让工作
充满魅力。如果你希望工作任务能激励大家，这一工作任务需满足
以下条件：

◆ 团队成员需要使用多项技能。

◆ 这是一份完整、有意义的工作，而且大家能看到工作成果。

◆ 其结果能产生重要影响，无论是对于客户而言还是对于组织中
的其他人而言。

◆ 赋予团队成员足够的自主空间，他们可决定如何完成任务，这
样他们才能感到自己是任务的主人。

◆ 可经常给团队成员提供可靠的业绩反馈。

对于团队领导而言，为大家提供知情的选择意味着让团队共同设
计工作任务。了解团队成员需要掌握哪些技能及他们希望使用哪些技
能，他们眼中富有意义的工作是什么，他们眼中的自主是什么，这不
是那么容易的事。通过共同设计工作任务并心怀好奇，你可以增加工
作任务满足这些条件的概率。

合适的团队成员身份

有效的团队会精心选择团队成员。大家可给团队带入不同的技能
与知识组合，这有助于他们成功实现团队目标。团队规模需要与工作
任务匹配。每多增加一位团队成员，团队在彼此协调上花费的时间将
多一点儿。如果团队人数过多，这意味着大家不得不在协调上花费更
多的时间，而原本这些时间可直接投入工作中。另外，随着团队规模
扩大，团队成员会丧失工作兴趣，并减少他们付出的努力。某些高管

团队包括了过多的业务单元或职能部门的领导，他们无法协调彼此的工作，更不用说抽出时间全面探讨彼此的观点。

如果采用单边控制模式，团队成员身份这件事情属于禁脔，只能由团队领导出面解决。但如果采用交互学习模式，团队成员可公开讨论团队的组成与搭配是否合适，是否利于完成工作。

正如本章之前所讨论的，真正的团队必须清楚地了解团队中包括哪些成员，团队成员是否稳定，他们是否有足够的时间了解如何一起共事。

清晰界定的团队成员角色，包括领导角色

在许多高管团队中，团队成员认为团队的正式领导即团队官方负责人负责整个团队，履行这一角色的是团队正式领导。结果是，团队正式领导出面主持会议，设定会议议程，指导讨论，确定下一步做些什么。团队成员虽参与其中，但他们把领导职责留给团队正式领导担任。如果你曾经领导过这样的团队，哪怕团队可以完成目标，你也可能会有一种烦躁不安的感觉，因为开会时你比其他人累得多，你的感觉是对的。

如果采用交互学习模式，那么团队成员的角色是流动变化的。大家可轮流主持会议，为协调会议议程而共同担责，一起商讨下一步的行动计划。更重要的是，发挥领导作用的不仅仅是团队正式领导，其领导职责与角色由大家共同承担。基于每个人都有可能注意到其他人错失的信息这个假设，每位团队成员都需要为确保团队有效运作而担责。当看到团队中出现可能会降低有效性的情况时，你会毫不犹豫地站出来提出这个话题，无论你是团队成员还是团队领导。

有效的团队文化

文化虽隐形难见但威力巨大。团队文化是团队成员用于指导其行为的一套共享价值观与假设。团队文化可影响团队处理诸如质量、时间、权力或任何其他与团队工作相关事宜的方式。例如，我提供咨询服务的某高管团队坚信，如果你给聪明人提供正确信息并让他们自行开展工作，他们就能交付质量不错的产品。毫不奇怪，该高管团队很少被投诉管理过细。这些团队成员享有相当的自主权，他们能提出创新的解决方案来满足客户的需求。相反，其他组织则认为需要有人出面告知团队成员应该做些什么，否则会带来负面结果。在这些组织中，团队成员几乎没有什么自主权，大家感到大材小用。

构成团队心智模式的核心价值观与假设也是团队文化的一部分，但我会单独讨论这部分，因为这部分非常重要。核心价值观与假设会影响团队与团队文化中其他要素的融入方式。当然，公平地说，改变团队的心智模式就是改变团队的文化。

如果只是聆听团队成员表述他们看重的是什么，相信的是什么，你是无法识别出团队文化的。人们所推崇的价值观或信念与他们的行为并未保持一致，但大家对此毫无觉察。构成团队文化的价值观与信念可以通过观察文化的人工衍生物推断出来，如团队成员的行事方式。人工衍生物指的是文化产品，包括团队成员制定的政策和程序、构建的结构。

文化几乎可以影响团队所做的一切并通过政策与行为得以强化，但总体来说，团队成员没有觉察到这点。这让识别并改变团队文化变得相当困难。采用交互学习模式的团队理解团队文化的威力。他们理

解"团队的思考方式决定了团队的领导方式"。所以，他们会讨论自己希望营造的团队文化，以及该文化与团队当前文化的差别。他们能够识别出团队当前采用的价值观与假设并公开讨论其是阻碍还是促进团队文化。他们经常询问自己："我们做出的决策或采取的行动与我们所推崇的价值观与假设是否保持一致？"这经常涉及第五章讨论的不便讨论的话题。一旦团队成员识别出当前文化与他们希望营造的文化之间的差别，他们将共同设计缩小这一差别的方式。

团队规范，包括交互学习模式行为

规范就是团队成员共同设定的期望，明确彼此的相处方式。规范源自团队文化并将团队文化付诸行动。一个比较容易观察到的规范与守时有关。在全球范围内，不同文化对待守时的方式是不一样的。例如，我提供咨询服务的某些高管团队非常强调守时并认定守时意味着尊重他人。结果是，他们制定的规范要求团队会议按照设定的会议议程准时开始，无论谁迟到。而其他团队对于守时则有着不同的价值观与假设。他们制定的规范会让他们等到所有人到齐后才开始会议，而这往往导致会议比原先设定的时间延迟 15 分钟左右。

遗憾的是，团队制定规范时往往采取不透明的方式，正如规范背后的价值观与假设一样。一旦出现这种情况，随着时间的推移，你会发现团队采用的规范出现了神秘变化，不能满足团队的需求。

事实上，第四章与第五章讨论的行为是将交互学习模式的核心价值观与假设付诸行动的规范。如果你的团队采用这些行为，那这将变成团队成员一起共事的规范。正如高效团队就指导团队的核心价值观与假设展开讨论并达成一致，他们也明确讨论对于彼此的期望。因为他们对团队规范保持透明并对是否采用团队规范提供了知情的选择，一旦他们发现某些人的言行与团队规范不相符，他们会让彼此担责。事实上，在采用交互学习模式的团队中，如果大家认为某些团队成员的行为举止与团队规范不符，所有团队成员都会给出反馈，这将成为团队的规范。团队成员共担职责，互相支持，共同打造大家一致认可的行为，一起创造更好的业绩。

交互学习模式行为是一套描述团队有效性所必需的关键行为规范，但团队规范还涉及其他方面，如着装、时间管理及团队空间的利用等。高效团队明确地讨论这些规范，确保规范就位并能更好地服务大家。

合理的工作负担

虽然团队可取得不错的工作成果并不断超越期望，但他们在有限的时间里依然会逼近自己的极限。尽管技术可提升许多领域的运行速度，但它无法提升人们的思考速度或你与其他人共事的速度，而这两项是团队领导或高管团队的重要任务。有效团队能预测什么时候他们的时间利用率达到峰值，在这之后工作质量开始下滑。更重要的是，一旦看到这个问题临近时，团队能够明确提出不便讨论的话题并解决这个问题。

| 团队流程

团队流程指的是如何做而不是做什么。为了达到有效，团队必须管理若干流程。团队最主要的流程是解决问题与做出决策，冲突管理、沟通、边界管理等流程也非常重要。

有效的问题解决

高管团队耗费大量时间用于问题解决。所谓问题，是指渴望取得的结果与现有状况之间的差距。问题解决指的是团队所采用的一套系统化工作方式，包括合乎逻辑的步骤。

团队拥有不少问题解决的系统流程改善方法，如精益、六西格玛等。所有这些方法可发挥巨大作用，前提是团队成员愿意保持透明、心怀好奇、共同担责并表现出同理心。如果团队成员不愿意分享信息或认定自己是对的，而其他人是错的，这些问题解决流程将转变成单边控制的角逐场。使用正式的问题解决流程的团队通常更善于应对技术层面的问题，却不善于提出挑战性问题。结果是，他们在解决问题的过程中没有分享所有的相关信息。

做出合适的决策

当第一次了解交互学习模式时，人们经常认为决策时大家需要达成一致。其实不是这么一回事。交互学习模式的领导与单边控制模式的领导的区别不在于他们采用的是什么决策规则，而在于其心智模式。

> 交互学习模式的领导与单边控制模式的领导的区别不在于他们采用的是什么决策规则，而在于其心智模式。

让我们来尝试做一个简单的练习。我们可以通过三种方式做出决策：达成一致，团队提供信息及个人决策。在达成一致的方式下，所有团队成员同意支持某个特定的解决方案。在团队提供信息的方式下，团队领导从团队或个人那里收集信息，然后做出决策。在个人决策的方式下，团队领导做出决策而无须听取团队成员的意见。交互学习模式或单边控制模式的领导均可采用这些方式并带来不同的结果。

　　如果你采用单边控制模式来做出决策，你会这么思考："我如何让团队接受我提出的解决方案呢？"如果你采用交互学习模式来做出决策，你会这么思考："我如何确保做出的决策基于有效信息并尽最大可能满足所有利益相关者的需求？"最终的解决方案可能是你在开会前构思好的，也有可能是另一个团队成员提出的，或者团队成员一起在会议中共同制订的。

　　从团队获取信息的角度考虑，如果你采用单边控制模式，你会假设自己了解情况而且你的看法是对的。当团队成员的看法或解决方案与你有别时，你会私下质疑团队成员的动机并贬斥他们的看法。但是，如果你采用交互学习模式，你会假设团队成员看到了你没有看到的方面，你会公开质疑团队成员并试着借鉴他们的不同看法。

　　那个人决策方式呢？无论你的心智模式为何，许多时候你做出决策无须咨询其他成员的看法。在这种情形中，如果你采用单边控制模式，你会首先考虑自己的需求并假设你已经拥有做出合理决策所需要的大部分或所有信息。你可能会告诉直接下属你做出的这些决策，也可能不告诉，更不用提你是如何做出这一决策的了。但是，如果你采用交互学习模式，你会如同受托人那样行事，你会考虑所有利益相关者的需求。做出决策时你已经发现自己收集的信息未必完整。你认为自己需要向直接下属担责。所以，你告诉直接下属你做出的决策及背后的缘由。你询问这一决策是否会带来什么问题，因为你意识到在某些情况下你无法改变决策。

　　如果你已经做出了决策，你会告诉大家这点。如果你已经拿定主

意，你不会从头至尾再收集一遍信息。许多团队领导认识到听取各方意见并让大家参与到决策中很重要，因为这有利于获得更多承诺。哪怕团队领导做出了决策，团队成员依然会继续收集信息，然后才将决策付诸行动。当团队成员对决策没有做出承诺时，团队领导会感到惊讶。这些团队领导混淆了行为与行为背后的价值观。他们没弄明白，只有在收集信息时真正做到心怀好奇并对变化保持开放心态，这样的信息收集才有价值。如果没有心怀好奇或对变化保持开放心态，收集信息不过是操纵手段而已，这会减少信任与承诺。

团队成员并不期待每个决策都需要他们参与其中，他们也不希望这样。但是，他们希望你对大家保持透明，无论你是否就某事拿定主意或你是否愿意对其他人的看法保持开放。他们希望你不要浪费他们的时间及你的时间，如果某些决策你已经拿定主意，那就没有必要再听取他们的意见了。

有效的冲突管理

高效团队能够理解冲突是团队工作与组织非常自然的一部分。他们认为冲突之所以出现，是因为人们主张不同的解决方案而这些解决方案无法全部付诸实施。交互学习模式让你的团队更有效地管理冲突。因为团队成员假设差异是学习的机会，他们不会固守自己的立场并试图赢得冲突。他们也不会考虑如何避免冲突或只顾着迁就其他人的立场。

相反，他们会心怀好奇，让大家参与进来，挖掘不同观点的来源并努力弥补差异。弥补差异有别于妥协。当你妥协时，你依然基于立场行事，并尽可能让你的收益最大化。当你弥补差异时，你能理解你的假设与其他人不一样，哪怕你们的立场出现冲突，但你们依然可以在利益上找到一致之处。这让团队得以找到解决方案，而仅仅通过妥协是难以做到这点的。由于团队成员假设没有人可以拥有所有的拼图块，所以那些与你观点有别的人的动机并不可疑。他们可以管理事关重大利益的冲突而无须破坏工作关系。事实上，交互学习模式团队经常认为解决事关重大利益的冲突之后，他们彼此的工作关系变得更好。

平衡的沟通

团队需要沟通，这样团队成员可获取所需信息以便就讨论的话题达成共识。如果没有达成共识，团队成员可能会奔向不同的方向，哪怕他们意图良好，但依然会产生冲突。

交互学习模式为有效的平衡沟通提供了基本原则与具体指引。所谓平衡，是指团队成员与享有信息及需要解决问题的成员直接沟通。在许多团队中，团队沟通的出发点是团队成员要为领导担责。这样一来，当挑战性局面出现时，团队领导不得不出面担任沟通窗口，大家分别与团队领导分享相关信息。但在交互学习模式团队看来，沟通的出发点是所有团队成员要为整个团队担责。结果是，团队成员自行与相关的团队成员直接分享他们拥有的信息。如果团队成员之间发生冲突，作为团队领导，你不再需要出面充当冲突双方的中间人。

许多团队文化采用的假设之一是相比于其他团队成员，享有正式权力的团队领导可采取不同的规则行事。团队领导可控制或主导会议，如果看到有人跑题或转换话题，他可以出面打断其他人。其他团队成员虽然认为这一行为无效，但他们不会当面指出。交互学习模式所采用的假设是，所有团队成员，包括团队正式领导，行事时都需采用同一基本规则。这意味着团队成员眼中无效的行为，也同样适用于团队

领导。这并未改变团队领导做出决策的权力，这只是要求他们在行使权力时需要展现有效的沟通行为。

使用交互学习模式的团队会就众多话题进行沟通。他们会讨论其他团队不能或不愿讨论的话题。结果是，他们将克服阻碍团队有效性的障碍，对于采用单边控制模式的团队成员而言，这是遥不可及的。最终，他们认识到看法与情绪对于好的决策同样重要，他们在解决问题和管理冲突时会谈及他们的感受，由此团队成员对于彼此有了更深的了解。

清晰的边界管理

每个团队都需要找到他们与组织中其他团队共事的方式。这意味着他们需要管理团队边界。当你的团队与其他团队共事时，你们需要找到你们为某项任务担责的终点，以及其他团队开始履行职责的起点。如果你的团队没能有效管理团队边界，最终，你们接受的任务将超越你们的专长、职责或资源，或者你的团队不得不以其他团队出面完成工作而告终。当你的团队与其他团队一起工作时，他们需要发现由谁来做出什么决策。

当你的团队与其他团队就这些问题试图达成一致时，他们把彼此看成同侪而不是单方面享有做出决策的权力。如果你的团队成员无法就这些问题达成一致，这些问题会升级到你这里或其他团队与你同级的经理那里。管理这些问题的职责由你的团队转向你本人。幸运的是，高效团队可与其他团队解决这类边界冲突，哪怕他们不知道交互学习模式。

| 团队情境

哪怕你领导的是组织中级别最高的团队，团队有效性依然受到团队所在组织的影响。团队所处的情境包括：

◆ 清晰的使命与共享的愿景

◆ 支持性组织文化

◆ 与组织目标一致的奖励机制

◆ 信息，包括反馈信息

◆ 资源

◆ 培训与咨询

◆ 实体环境

取决于你的团队在组织中的级别，你或多或少能对团队所处情境中的要素施加影响或给予控制。无论如何，采用交互学习模式的团队对于影响其工作的情境会采取积极的方式。这意味着当你们拥有权力时，你们会改变政策；当你们缺乏权力时，你们会影响政策的制定；当你们既无权力也无影响力时，你们会找到富有创意的方式来尽量减少组织给你的团队带来的负面影响。

清晰的使命与共享的愿景

你的组织构建的使命与愿景可为所有隶属于组织的团队提供指引。毋庸多言，你的团队的使命与愿景需要与组织的使命与愿景保持一致。另外，你可能有时发现团队的行事方式看似与组织所推崇的使命与愿景相违。当出现这种情况时，交互学习模式团队与其他团队接触时愿意心怀好奇并保持同理心。

当你的组织对其使命做出重大调整时，你的团队也将面临巨大挑战。某医疗服务供应商开始转型为值得信赖的护理机构，他们发现使命与愿景的改变带来了结构性改变，这意味着临床管理团队需重新界定他们的角色，以及他们与组织中其他关键领导之间的汇报关系。

支持性组织文化

正如你的团队拥有自己的文化，团队所在的组织也拥有自己的文化。如果开展工作的团队所处的组织可提供支持性文化，那么团队更有可能提升其有效性，因为指导组织行为的基本价值观与假设为团队成员所共享。当团队文化与组织文化相违时，即使你们与其他团队开展的工作比较简单，你也会发现过程困难重重。

许多组织标榜的价值观与假设与交互学习模式类似，但很少有组织能做到这点，其中包括推崇此类文化的组织。在实践中，绝大部分组织的文化与单边控制模式类似，只不过程度不一而已。某组织的组织发展经理告诉我，他所在的组织虽然将组织文化书写成横幅悬挂在墙面上，但团队领导和成员并不知道如何在日常工作中践行组织文化。他认为交互学习模式是将公司激励人心但有点抽象的组织文化转化为日常行为举止的好做法。你可能面临同样的局面。

另外，你的组织可能依然满怀欣喜地标榜单边控制文化。如果真是这样，你所面临的挑战不仅是如何展现新的行为从而把交互学习模式付诸行动那么简单，这还意味着你需要改变根植在组织深处的价值观与假设。改变团队文化已经相当不易，改变团队所属组织的文化则更为艰难，这绝不仅仅是规模扩大的问题。如果你的团队在组织中的级别足够高，你可能认为交互学习模式的核心价值观与假设体现了你希望组织应具备的那种组织文化。如果真是这样，在你的团队中示范这些价值观与假设，对于希望学习这一模式的其他团队成员而言，这是一个不错的开始。

即使你的团队级别不够高，难以对组织文化施加正式影响，但是当你与其他团队共事时，你可以影响他们思考与行动的方式。我曾为许多领导提供咨询服务，当他们经历了特别有挑战性但成果颇丰的会议后，其他领导找到他们，询问："你们是怎么做到这点的？我曾经耗费数周才与团队达成共识，而你们却花费数小时就做到了。"通过成功示范交互学习模式并让大家看到成果，你更有可能激发对方的好奇心并探讨如何促成类似的变化。这些都是千载难逢的机会去解释你正在做什么以及这些举措背后的心智模式。

与组织目标一致的奖励机制

如果你希望团队如同真正的团队那样发挥作用，那么组织的奖励机制需要与组织目标保持一致，而且需要保持稳定。否则，你将收获不曾预料的后果。某金融公司的网站页面设计团队就有过这样的糟糕经历。该团队声誉卓著，为其他部门提供良好的服务并多次荣获行业的设计大奖。在项目中，大家关注的是如何通过密切协作完成任务，而不是荣誉的归属。团队领导会根据团队的总体表现奖励大家。但人力资源部改变了奖励机制，他们要求团队领导依照每个团队成员的个人表现给予评级并从高到低排序，而绩效奖金也将依据个人表现发放。这时大家转为关注谁做了些什么。原本顺理成章的工作安排变成了一场你争我夺的淘汰赛。好在他们发现了新的奖励机制会影响大家的表现，为此他们找到人力资源部，讲述了他们的担心并希望他们的利益可以得到关注。糟糕的是，人力资源部依然坚持奖励机制没有问题。设计团队不得不在团队成员之间分配绩效奖金，但无法做到真正公平。最终，绝大部分团队成员离开公司，选择自行创业。

奖励的确需要与组织所标榜的价值观保持一致。当我向某全球性石油公司的领导介绍交互学习模式时，我首先向他们展示了单边控制模式。我问："有人熟悉这一模式吗？"某领导回答："当然，这不就是我们每天在用的模式吗？"另一位领导还加了一句："只是用用而已吗？！在过往20年里我们还因此得到奖励呢！其中包括我本人。"组织担心高管团队的做法所产生的不良后果，但没有人意识到他们设计的奖励机制在强化单边控制模式时所带来的结果。

通常，组织希望创建某种文化，哪怕他们奖励的行为与此不相一致。例如，他们设计奖励机制与其他组织政策试图奖励交互学习模式，但实际上奖励的是单边控制模式。组织鼓励员工保持透明并互相担责，但人力资源部出台的政策禁止讨论薪水待遇。团队领导拿到的领导力测评报告因评估人为匿名填写而无从知晓谁说了些什么，而给出评估结果的人也无须为这些评语的准确性担责。由此带来的是团队成员的冷嘲热讽，因为大家看出组织口头上说的是一套，但其奖励或禁止的是另一套。冷嘲热讽是团队成员疏离彼此的第一步。

高效团队识别出了组织系统奖励团队低效行为的方式，他们希望改变这一系统。哪怕你的团队无法改变或影响系统，你们也可以讨论这些负面后果并探究减少不良后果的方式。

信息，包括反馈信息

每个团队都需要从组织那里获取信息来完成目标并改善其工作方

式。信息是知情的选择的脐带。

系统信息

当组织使用企业资源规划系统时，高管团队拥有越来越多的实时信息，如财务与会计、制造、销售与服务、客户关系与人力资源等。这个集成化系统可以帮助你的团队与组织中的其他团队有效开展工作并与客户或供应商保持联系。当然，你的团队利用信息的能力取决于信息的质量，该系统在多大程度上收集了团队所需要的信息，以及你们是否接触到这些信息。同样，通过帮助团队获取这些信息以及该系统在多大程度上为高管团队提供所需信息，组织展现了其是如何保持透明与担责的。

来自其他团队的信息

但是，你的团队所需要的信息未必全能由信息系统提供。某些信息保留在与你们共事的其他团队成员的头脑之中。无论你的团队是与其他职能部门一起工作，还是与供应商或客户一起工作，你们的成功取决于你们搜集这些信息并将这些信息用于做出高质量决策的能力。我提供咨询服务的许多领导抱怨其他团队无法提供他们所需的信息。他们的推测是其他团队隐瞒相关信息。但是，当你的团队对你们的信息保持透明，对其他团队的利益心怀好奇，对其他团队所面临的情况心怀同理心的时候，这些状况将发生改变。当其他团队理解你们使用这些信息是为了他们着想而不是针对他们，他们更愿意与你们分享你们所需的信息。

来自同事的反馈

组织让所属团队失败的最常见的方式之一就是对团队成员提供的反馈采取秘而不宣的方式，或者制定无法保持透明与担责的反馈机制。

作为大学管理学教授，我曾在某高管培养项目中任教。学校里的其他教授（非管理学教授）负责该项目的运行。有时，这些非管理学教授会找到某位管理学教授并向他表述他们对于教学效果的担心，但是他们不会与教授这门课程的教授直接沟通。为了解决这个问题，我的同事和我同意不接受他们给出的间接反馈，我们希望大家共同担责。

例如，如果我教授的某门课程的学员对学习效果表示质疑，负责项目运行的教授，让我们称呼他为拉里，会找到我的同事迪克并告诉迪克他对这门课程教学效果的担心。当迪克检验他的假设也就是拉里没有给我提供反馈后，他会询问拉里为何不直接找我当面沟通。拉里很有可能说他害怕这些反馈会让我不开心，有时他还会加一句，希望迪克转述他的担心时不要提及信息来源。

这时，迪克会问："如果你希望罗杰不知道信息来源，那你告诉我这些信息的目的是什么？"正如我们之前所达成的协议，迪克会告诉拉里，如果拉里本人希望他提供的信息对于我的改变发挥作用的话，迪克将不得不与我分享细节，显然，知道这些细节的人只有拉里。如果不提供这些细节，我将很难按照拉里所期望的那样做出改变。简而言之，为了满足拉里向客户提供更好服务这一利益，拉里应直接给我提供反馈。迪克愿意辅导拉里如何给我提供反馈，他甚至愿意陪同拉里与我一起见面，这样他可以更好地辅导拉里如何给我提供反馈。如果拉里依然坚持我不能知道信息来源，迪克随后将告诉拉里他无法与拉里就是否与我分享有关教学效果的信息达成一致。随后迪克告诉拉里，他准备把拉里的反馈转告给我，而我将亲自拜访拉里以便了解拉里的担心究竟是什么。当迪克给我提供反馈之后，我会来到拉里的办公室，带着好奇心，询问他对于教学效果的担心究竟是什么。通过这种方式，管理学院的教授及我辅导的其他同事对我们直接担责，而我们也对他们直接担责。

调研反馈

正如我所提及的，360 度反馈总体来说无法保持透明，因为所有反馈以归总的形式呈现，所以全部是匿名的。当团队拿到 360 度反馈时，同样的问题出现了。除了团队上司的反馈可被识别出来，即使团队成员也无法知道究竟哪些人在调研项目上提供了什么样的反馈。

所有这些举措让团队难以就如何改善其绩效或大家的共事方式做出改变。如果你不知道大家对于团队的看法，你很难要求大家讨论具体需要在哪些方面做出改变。你也很难做到心怀好奇，因为询问大家对于某个具体项目的评价将违背匿名反馈的承诺。而匿名反馈这一做法使人很难做到保持透明、心怀好奇、提供知情的选择及富有同理心等，匿名反馈基于这样的假设：匿名有利于提供真相并可保护反馈提供者与反馈接收者的颜面。但是，从来就没有研究结果表明匿名反馈可带来真相。人们可扭曲自己的反馈，因为无须为此担责。研究表明，360 度反馈并不一定带来行为改变。

> 而匿名反馈这一做法使人很难做到保持透明、心怀好奇、提供知情的选择及富有同理心等，匿名反馈基于这样的假设：匿名有利于提供真相并可保护反馈提供者与反馈接收者的颜面。

当你的团队将交互学习模式引入 360 度反馈中时，你和你的团队完成调研，同时要求直接下属、同事及你的上级也完成调研。当团队拿到调研结果时，大家可识别出每个团队成员提供的反馈。那些团队之外的评估者需要在调研问卷上署名，这样，一旦出现疑问，

团队成员可以请教评估者。这有利于推动评估者保持透明并担责，有利于激发好奇心并询问评估者做出这般反馈的原因并采取措施让团队变得更有效。如此举行的对话才有利于推动团队做出改变。这会让大家感到不舒服吗？是的，起初大家会感到不自在，但团队的目标不是让大家感到舒服，而是提升团队的有效性，即使这会让你感到不舒服。

只有知悉反馈提供者的姓名才能帮助你知晓你需要改变的具体行为是哪些。我的同事安·戴维森曾为某城市的高管团队提供咨询服务。城市经理从360度匿名反馈中得知有人认为他授权太多，所以他开始减少授权，但他的团队成员对此感到不满，因为大家觉得没有被纳入决策流程中。在团队经历了诸多不顺后，安引导了讨论。在讨论中，团队成员愿意当面告诉城市经理他们心目中的所谓过度授权的具体含义是什么。真正的问题在于城市经理没有就授权事项所应关注的利益点提供足够的背景信息，而不是授权太多。调研结果没有提供这方面的任何信息，虽然调查问卷要求反馈者评估城市经理授权的程度。有了具体信息，城市经理改变了他的行为，而团队也对他的授权程度表示满意。

如果你认为团队成员因为彼此缺乏信任或不信任你，所以他们难以做到保持透明或心怀好奇，那么你可能发现了团队需要解决的最重要的问题是什么。一旦解决了这个问题，其他的团队问题也就迎刃而解了。如果你或团队成员认为你们必须首先建立信任，然后才可以推行交互学习模式，那么你混淆了因果关系，结果是你们难以建立或重建信任。信任建立的前提是团队成员愿意冒险让自己变得脆弱，如保持透明，并且确信其他人不会利用他的脆弱来打击他。

愿意在反馈中主动提及自己的姓名，这不是那么容易做到的。汤姆是某大城市图书馆的总监。当他应邀完成同事的 360 度评估之后，虽然调研允许他保持匿名，但他不想这么做。为了担责，他会在空白处加上自己的评语。他在撰写同事的评语时会这么开始"汤姆认为……"

资源

除了信息，你的团队还需要其他资源，包括技术资源、物质资源。对于虚拟团队而言，资源还包括让大家跨时空交流的技术。使用交互学习模式可能不会提升团队获取额外资源的能力，但可增加机会，以便你更好地理解提供这些资源的缘由。

培训与咨询

团队需要培训与咨询来提升他们解决问题的技能。但是，团队接受的培训或咨询可能与你期望打造的交互学习模式文化相违。许多高管团队告诉我，他们在职场生涯中的某个阶段所学到的各种单边控制模式技巧，不是内部咨询顾问提供的就是外部咨询顾问提供的。这些技巧包括三明治式的反馈方式，最后一个发言以便知晓团队成员的真实想法，通过反问强化自己的观点而无须与他人争辩，等等。

无论是组织、团队发展部门还是人力资部门组织的培训与咨询虽倡导交互学习模式，他们提供的工具与技巧却是单边控制模式的。某组织将其绩效管理流程描述成上级与员工的对话，但他们从未培训过上级如何心怀好奇，无论是他们对下属做出的推论，还是下属对上级制订的发展计划做出的回应。这个问题在大学中也存在。某个 EMBA

项目要求每位学员偷偷观察另一位学员的行为举止。学期临近结束时，秘密观察员需给被观察对象提供反馈。某学员反对这一方式，因为这没有做到保持透明、担责并给被观察对象提供及时反馈以便做出知情的选择，任课教授却告诉学员她不过是复制组织中既有的做法而已。但是，示范无效做法并不能带来有效结果。

关注团队战略的团队会评估他们做出的每个选择，看他们的选择是否与团队战略保持一致。如果不一致，他们将做出不同的选择。他们知道，如果做出的选择与团队战略不一致，他们将稀释甚至削弱自己付出的努力。采用交互学习模式的团队在培训与咨询中会采用同样的方式。每当他们寻找培训或咨询项目时，他们会评估产品与服务，并询问这是否与交互学习模式的核心价值观与假设保持一致。如果与此不符，他们知道这会给团队带来问题。

实体环境

温斯顿·丘吉尔曾说："我们建造大楼，然后大楼塑造我们。"团队工作的实体环境可给团队带来微妙但深远的影响。某消费品公司在设计新大楼时希望加强团队协作。他们设计了封闭与开放的办公空间来满足不同领导的需求，还设计了非正式的咖啡间，在靠近楼梯的地方摆放了舒适的桌椅，这样大家可轻而易举地开始或继续对话。他们还在显眼的地方设计了楼梯，鼓励员工边走边聊，而不是乘坐电梯。他们设计了可供大家预订的会议室，以及可同时使用的其他会议室。所有这些与工作环境相关的设计都来自组织的具体价值观与假设：鼓励协作和在团队之中或部门之间展开对话。

与这个例子相对照的是某职业培训组织搬入新大楼后，将大部分会议室分配给主要领导，其他员工则难以找到会议场地。更为糟糕的一个例子来自某农业设备制造商。他们不得不重新设计大楼，因为他们发现新大楼居然没有设计开会的场所。

团队工作环境的设计方式体现了设计该空间的建筑师的价值观与假设。如果你对团队工作环境拥有话语权，请确保该空间能鼓励团队成员一起工作。如果你没有话语权，请试着影响决策或做出临时改变，让工作环境能够促进大家一起共事而不是相反。

保持一致

所有与团队设计有关的决策，无论是结构还是实体环境，都应考虑团队的心智模式并与之保持一致。这些要素应尽可能与组织的核心价值观与假设保持一致。当然，在真实的环境中，知易行难。但是，基于交互学习模式来创建并保持这样一支团队的挑战是值得为之付出努力的。

第七章

应对团队常见挑战

在团队中运用交互学习模式可改变你和团队应对常见挑战的方式。本章内容适用于会议准备、会议主持、给予反馈，以及不在一处办公的团队如何开展工作，包括如何借助电子邮件进行沟通等。此外，本章还涉及如何表态支持某个决策而不至于压制个别员工的不同看法，并帮助团队对你这个团队领导施加影响。

会议准备

我辅导的某位团队领导告诉我他是如何做好挑战性会议的准备工作的。他把挑战性会议比作一场象棋比赛。会议开始前，他会先想想其他人可能会怎么说。他会这么告诉自己："如果他们这么说，我会说X；如果他们那么说，我会说Y。"他说这么准备不是件容易事，因为构思这么多应对之策会耗费大量时间和精力。我赞同他的说法并回应道："除非你是像鲍比·费舍尔那样的象棋大师，否则你无法事先准备好那么多对策，而且没有人保证你的对策是正确的。更重要的是，如果你像下棋那样做会议准备，你其实已经在思考谁是获胜者或失败者了。你在玩单边控制的游戏。"

幸运的是，会议准备其实有更简单、有效的方式。你可以用以下三个基本问题来帮助你去识别哪些信息需要保持透明。

◆ **我需要分享哪些相关信息？**其他人需要知道哪些信息？可能是团队已经完成哪些任务的信息，也可能是遇到哪些问题或获得哪些财务数据的信息。

◆ **我关注的利益是什么？**如果你试图做出决策或解决问题，你需要识别出解决方案所需满足的利益（请参阅第五章行为5的讨论）。

请多次尝试完成以下表述，以便明确你的利益："无论我们提出的解决方案是什么，该方案能……"完成之后，你可列出你准备在对话中分享的利益清单。比起带着解决方案（你的立场）步入会场，以及说服其他人接受你的解决方案，这样的做法更为有效。

◆ **我需要检验的假设与推论是什么？** 走进会场时，你可能对问题、解决方案或其他人做出假设与推论。你可能推断其他人不是那么在意迅速解决问题，因为他们一个月后才会与你见面。你可能推断其他人拥有实施解决方案的专长与权力。

花些时间了解你的假设和推论（第五章行为 6），这样你可以在会议中检验它们。你做出的每个错误的假设与推论将削弱你找到适合你和其他人的解决方案的能力，也会带来不必要的冲突。请反复尝试完成以下表述，以便澄清你的假设："我的假设是……"当你完成后，你可列出假设与推论清单，以便在对话中做出检验，看是否有效。

如果你将这三个问题转向其他人，那么对其他人在这三个重要问题上的回答你将充满好奇：

◆ 其他人可与我分享哪些相关信息？
◆ 他们的哪些利益需要得到满足？
◆ 他们做出的假设与推论有哪些？

对你的信息保持透明并对其他人的信息与想法心怀好奇，这样，你奠定了与其他人一起解决问题的基础。如果你知道部门的营业额在上个季度下降了 10%，当收集相关信息时，你可能会好奇其他人眼中的原因是什么。如果难以招募到合适的人才，那么人力资源部是否了解该岗位在人才市场上的供需状况？如果你知道其他人认为你的预测不现实，请保持好奇，了解他们是基于哪些信息得出该结论的。

如果你知道其他人的立场，请对他们所持立场背后的利益心怀好奇。如果他们不支持你提出的解决方案，了解他们还有哪些利益尚未得到满足。

开会前，思考一下其他人拥有哪些相关信息与利益。如同你对其他人做出假设与推论，他们对你也是如此。开会前，其他人对于情况及团队也会做出假设与推论，请对此保持好奇并准备提问。最终你将列出问题清单，这不是用于挑战对方，而是用于理解他们的看法为何与你有别，这样你可努力弥补差距并找到适合每个人的解决方案。

会议主持

以下基于交互学习模式的三条原则可帮助你应对会议中的常见挑战：先广度，后深度；不要保持沉默；理解肢体语言并实施干预。

先广度，后深度

当团队召开会议讨论如何做出决策时，有多少次只有少数人发言？会议结束后，你无法获知大多数团队成员的想法。另外，你可能花费了大量时间只与少数一两个人就某些话题深入交换了意见，而大多数团队成员好像无法参与其中。

如果没有顾及讨论的广度而过早进入深度讨论，高管团队很容易陷入困顿。所谓深度，是指紧跟某位团队成员的思路来详细了解他对于某个话题的想法。所谓广度，是指先大致了解每位团队成员对于某

个话题的想法，再深入了解某位团队成员的观点。

假如团队正在讨论是否要暂停某个产品的供货，因为该产品出现了质量问题。你询问团队成员的想法。希娜首先回应道："我认为这个问题还没有严重到需要我们停止供货的地步。"如果是追求深度，你可能会要求希娜对她的想法做出进一步解释。你可以这么问："你认为这个问题不是那么严重的理由是什么？"如果是追求广度，你会要求其他人对你的提问或对希娜的回答做出回应。你可以这么问："我们是否应该在这个节点上停止供货？大家对此还有什么看法？"

如果你在会议开始之初就与某位员工深入讨论某个话题，虽然你可以深入了解这位团队成员的想法，但其他团队成员将很快感到沮丧或疲倦，而你也难以吸引他们的注意力。你与那位团队成员讨论越深入，你越有可能偏离原来的话题。

如果在会议开始时先追求广度，整个团队可以马上理解所有人的基本看法，而你也将拥有更多信息来决定你们需要在哪些话题上深入讨论，这样，你可以让团队成员参与其中。只有当你确信深入讨论某个话题值得时，你才会深入挖掘其中的细节。在你解决了某个问题后，你可能发现对话需要再次回到广度上，然后才是深入挖掘细节，接着又回到广度上。这可以确保团队不断深入探讨问题的成因及可能的解决方案。整个团队可以做到步调一致。

不要保持沉默

团队领导经常告诉我他们会在会议中刻意保持沉默，因为他们真的希望了解直接下属的想法，但他们担心如果他们首先发言，其他团队成员将不再表达自己的不同观点。团队领导认为，如果他们保持沉默并要求团队成员先发言，他们可听取更多人的想法。

这一策略看似合理，但领导最后一个发言是单边控制策略，很容易引发单边控制式的回应。如果团队成员知道你的习惯并担心他们的想法是否与你相左，他们很有可能也保持沉默，因为他们想知道你为何没有分享观点及你的观点是什么。这反倒让你认为大家尚未彻底理解问题的关键所在或他们行事过于小心，而这又会让你认为他们行事无效。

领导最后一个发言的策略还回避了深层次问题：团队中究竟发生了什么让你不得不最后一个发言？你为何担心你会影响其他人？与其逃避这个问题，不如在团队中提出来。你可以这么说："我想与大家分享一下团队中出现的模式，这引起了我的注意，所以我想听一下大家的反馈。我注意到当我分享了对某个话题的看法后，没有人表述不同看法。讨论好像卡在那里了。我可以给你们举出几个例子（随后描述你观察到这种现象的数个场景）。是什么导致了这个问题的出现？我这么问是因为我希望大家发表不同看法，但我没有看到你们这么做。我好奇的是，我做了些什么造成这个问题的出现？"

你可能了解到当你分享看法之后对话终止的原因是你做的一些事情让对话停止了。你可能陈述了观点，但你没有真诚地探究其他人的观点。你给出的是贬斥其他人观点的反问。当其他人表述的观点与你的不一样时，你打断了其他人的发言。其中的任何行为都可能导致你的下属闭口不言。

好消息是，一旦移除了大家无法全情投入讨论的障碍，你就无须担心你是第一个发言、最后一个发言，还是其他什么时候发言了。你

可以随时说出你的观点而不至于给讨论结果带来不利影响。事情本该如此。

> 好消息是，一旦移除了大家无法全情投入讨论的障碍，你就无须担心你是第一个发言、最后一个发言，还是其他什么时候发言了。

理解肢体语言并实施干预

当与团队成员开会时，你注意到有些人在揉眼睛，有些人交叉胳膊放在胸前，有些人把椅子往后推，有些人打哈欠。你感到事情有些不对劲，但你不知道发生了什么事情。

你可以检验你做出的推论——有些事情出错了。每当尼克尔发言的时候，肖恩都会看看手表，揉揉眼睛。你可以这么问："肖恩，我想检查一下自己的推论。我注意到每当尼克尔发言的时候，你都会看自己的手表并揉眼睛。我看到的是对的吗？"如果肖恩说你的观察是对的，你可以继续问："你对于尼克尔的发言或别的什么事情是否有什么担心之处？"如果他同意你的推论，你可继续问："你是否愿意说出你的担心是什么？"

总结一下，当检验推论时，你可以这么做：具体说明你所看到的行为以及谁在做；核实你的看法是否正确（你的推论）；询问当事人是否愿意分享他们的想法。

对肢体语言实施干预相当有挑战性。其一，团队成员展现出肢体语言，可能表明当事人不赞同或不愿参与，这通常是因为他们对团队中发生的某些事情感到不满。这意味着你正在评论发生在团队中的潜在冲突，对你而言，这不是一件容易的事。其二，团队成员没有觉察到他们的肢体语言，就像他们没有意识到自己说了些什么一样，所以询问这点会让他们感到有些突兀。

某些因素会让你忽略肢体语言。如果真的忽略了，你会错失改善团队重要互动因素的机会。如果团队成员的肢体语言代表了他对流程感到沮丧、愤怒或不满，而你却对此毫不知情，你所面临的风险是团队有可能无法达成其目标。

当团队领导或其他团队成员的确想出面解决某个问题时，许多人的处理方式是不去提及具体的行为。例如，尼克尔发言数分钟之后，如果肖恩开始看手表并揉眼睛，有人可能会这么说："我想暂停一下，看看大家在做些什么。"或者他们可能给出稍微具体一点的评论，但依然是泛泛而谈："我猜想大家可能比较关注时间。"或者他们虽识别出行为，但是没有将这一行为与某个具体个人联系在一起："我注意到有些人在看手表并揉眼睛。"所有这些陈述的确起到保护肖恩颜面的作用。但是，作为团队领导的你出于保护某位成员的颜面而未分享相关信息，这样的做法会带来糟糕的后果。这意味着你在私下里贬低团队处理直接反馈的能力并向他们传递这样的信息：他们无须为此担责。这会导致他们将来更加难以做到互相给予诚实和直接的反馈，因为你单方面地剥夺了这个机会。这也意味着你是团队低效的始作俑者，你的作为是在强化他们的错误行为而不是示范更为有效的做法。

| 给予反馈

如果你和团队成员互相保持透明，帮助彼此做出知情的选择并让彼此担责，那么你需要经常给予反馈，无论是正式的，还是非正式的。

有关如何给予有效反馈的书籍很多，尤其是关于给予负面反馈这一话题的书籍。绝大部分书籍建议你尽快给予反馈，反馈要具体，避免高阶判断。总体来说，这些建议是不错的，但对于真实的工作场景而言，还远远不够。如果采用交互学习模式及相关技巧，你可以遵照以下关键点来改善你的反馈。

◆ 对话时，对于改变自己的想法保持开放心态。

◆ 共同设计对话。

◆ 共同设计流程。

◆ 给出要点，不要让他们乱猜一气。

◆ 在其他人还没有提及之前，询问你对问题的影响。

◆ 如果对方陷入防御，请心怀好奇。

◆ 让对方担责，不允许匿名反馈。

◆ 如果你没能尽快分享负面反馈，不要把这作为施加惩罚的依据。

◆ 就你的反馈听取对方的看法。

对话时，对于改变自己的想法保持开放心态。 如果你认为反馈的目的是说服对方接受你的看法或帮助他们找到正确答案，你注定会让对方陷入防御。如果你把这看成对你的看法保持透明或对你可能错失的信息心怀好奇的机会，那么你将了解更多信息，而接受反馈的那一方也是如此。心怀好奇是你给予有效反馈的最有力的做法之一。这不是要求你对自己的想法保持缄默，而是要求你对其他人的看法心怀好奇，正如你确信自己的看法是正确的一样。

共同设计对话。 每个人都知道如果由你来控制对话流程，那么通常你也会控制对话结果。如果你是接受反馈的一方，那么这将是一个可怕的想法。开始对话时，先就对话的目的及你将如何主持对话达成一致。这会缓解每个人的焦虑并让你们彼此作为伙伴共同确保对话行进在大家认可的轨道上。例如，当你们认同对话目的之后，你可能会说："让我们就如何给予反馈达成一致。我想和你们先分享一些具体的例子，其中有些地方你们做得不错，有些地方你们还需要改进。如果对于例子的看法达成一致，那么我们可以一起找出导致问题出现的原因并找到改进措施。你们觉得如何？对于我的建议你们有什么不同看法？"

共同设计流程。许多领导假定接受反馈的一方愿意采用三明治反馈的方式（先给出正面反馈，然后是负面反馈，最后是正面反馈。）他们所接受的培训（错误地）告诉他们，如果一头一尾都是正面反馈的话，负面反馈让人接受起来更容易一些（其实是有利于给予反馈的人）。与其这么认为，不如询问接受反馈的一方他们希望采用怎样的反馈方式。你可能会这么说："我对于如何给予反馈并无特别的偏好。我关注的是如何帮助你去改善绩效。我可以从你做得不错的地方或我有疑虑的地方开始，或者你先开始。我们可以沿着时间轴或任何你认为合适的方式回顾一下你全年的表现。你希望接下来的谈话如何进行？"当人们一起设计流程时，他们对此可做出更多的承诺。

给出要点，不要让他们乱猜一气。当给出负面反馈时，陈述你究竟看到了什么，你的担心是什么，然后询问对方的看法。你可能会这么说："相比于去年，我认为你今年的失误之处是没有让团队担责。让我举几个例子，然后听取你的反馈。"作为经验之谈，如果你需要使用两个以上的句子才能让对方理解你的担心是什么，你很可能在兜圈子。这么做虽顾及了你的颜面、对方的颜面或你们两人的颜面，但这会造成你极力希望避免的事情发生——让对方更焦虑并陷入防御。

在其他人还没有提及之前，询问你对问题的影响。 你与接受反馈的同事一起共事，这意味着你的绩效会影响他的绩效，他的绩效也会影响你的绩效。不讨论你对于直接下属不佳绩效的影响，这不现实。当你告诉某人"这场对话是讨论你的绩效问题，与我无关"时，你忽略了你们之间是上下级关系的现实，你要求对方对其行为担责，却没有要求你对自己的行为担责，你这是在控制对话，会让对方陷入防御。为了彼此担责，在对话开始前，你可这么说："我对这一可能性保持开放，那就是我有可能是你绩效不佳的始作俑者。"不要担心承认你对问题的影响意味着对方不再担责。哪怕你对问题真有影响，你的直接下属依然有可能是问题的始作俑者之一。

> 不讨论你对于直接下属不佳绩效的影响，这不现实。

如果对方陷入防御，请心怀好奇。 如果对方陷入防御，你无法避免这点，你只能控制自己的行为来降低对方陷入防御的概率。如果有人好像陷入防御，你可这么问："我注意到在过去的几分钟里，你比较安静，对吗？我有点儿担心，我是否让你陷入防御？"当真正心怀好奇时，你可以了解到许多信息，对此你会感到惊讶不已。

让对方担责，不允许匿名反馈。 如果你真的希望激怒某人或激发对方的防御性反应，你可以把其他人的担心转告给某人，然后告诉对方你无法透露这是谁说的；或者更恶劣的做法是，你对他说："谁说的不重要，重要的是你的绩效不佳。"对许多组织而言，这是标准操作流程，更不用说360度反馈了。如果绩效反馈的目的是帮助对方成长，而你却不愿意与当事人直接沟通那些与他们有关的行为，那么你很难实现目的。当然，要求其他人给他们的同事或上级提供反馈，这往往需要组织文化做出改变。但是，如果你无法就给予他人反馈这点担责，你的组织是很难表现出色的。

如果其他团队成员希望就达利亚的表现给你提供反馈，请提醒他们每个人需要为自己分享的信息担责。你可以这么说：

"我认为这一信息对于达利亚来说非常重要，因为她可以据此做出改变，你的看法呢？（如果抱怨者同意，继续说）因为这发生在你们之间，我当时并不在场，所以需要由你给她提供反馈。如果你需要帮助，我可以帮助你做好提供反馈的准备。我甚至可以出现在反馈现场，如果你需要的话。但是我无法代替你提供反馈，因为这会将反馈的责任从你那里转移到我这里。另外，对于达利亚提出的质疑，我可能无法回应，我含糊其词的回答是无法帮助她做出改变的。你的看法是否有所不同？"

如果你没能尽快分享负面反馈，不要把这作为施加惩罚的依据。 负面反馈应该及时。你拖延反馈的时间越长，你越应当对当事人的低效担责，因为对方用于改进的时间就更少了。除非你在当事人行为发生的数周之内提供反馈，而且反馈发生在年终绩效反馈之前，否则你不能将此作为降低对方绩效评定等级的依据。这就是所谓"你对下属担责"的含义。

就你的反馈听取对方的看法。 正如你希望其他人了解如何改善他们的绩效一样，你也需要改善培养下属的方式。询问他们你在反馈中的哪些表现对他们有帮助，他们期待你下一次反馈有哪些不同。随后你可以不断实践并示范如何接受反馈而不至于陷入防御。

即使你们不在一处办公但依然像团队那样工作

大家虽隶属一个团队，但不在同一地点办公，你们可能位于办公楼的另一端甚至地球的另一端，今天，这种情况屡见不鲜。这意味着我们需要经常谈论不在现场的团队成员，解决他们的分歧，或者避免他们在背后互相指责对方。

谈论不在现场的同事

近来我为某高管团队提供咨询服务，其中的某些团队成员在另一些团队成员背后谈论对方。他们承认这种做法破坏了信任并损害了团队为落实组织战略而付出的努力。某位团队成员提议他们应该停止在背后议论对方。我不同意。

我建议他们继续这么做。事实上，我建议他们采用更好的方式来讨论彼此的表现，无论对方是否在现场，但他们需要改变谈论的方式。

谈论不在现场的同事的问题在于，现场的同事无法听到你提及的那位同事的具体反馈，因为大家只听到你对于这位同事的看法。有时，这些看法还是负面的。如果你与不在现场的那位同事存在矛盾，这样的做法很容易让你和那位同事埋下不合的种子，而这会带来意想不到的后果。这会恶化你们两人的关系并向其他人发出信号，认为这一方式是可以接受的，这还会让现场的其他人怀疑你在他们背后说了些什么。当谈论不在现场的同事时，你应遵守以下这些原则。

再现对方的观点，虽然你不赞同。如果你希望担任把大家团结在一起而不是把分裂带入团队之中的领导，你应转述那位不在现场的同事的看法。例如，当你解释了为何如此看重加快产品推出时间后，你可以这么说："凯的看法有所不同。她希望等到第三季度再发布。"

请记住，当你代表凯向大家陈述观点时，你需要首先与其直接沟通。如果你认为"我不理解她的问题是什么"，请花些时间做好准备工作。你不仅需要询问凯的观点是什么，还需要询问她是如何形成这个观点的。如果你无法向大家解释凯的观点的理由，那么你可能无法全面代表她阐明观点。

解释分歧的原因。如果你能解释分歧的原因，这更有帮助。例如，你可以这么说："凯和我对于产品推出的时间点以及这对新品带来的影响存有不同假设。她认为如果我们提前推出新品，客户容易把新品与上一个季度推出的产品混淆在一起。但是我认为这有助于加速建立新品的品牌形象。"另外，如果你认为"我不知道她为何不同意我的看法"，请多做一些准备工作。请与凯直接沟通。

解释对方的观点而不是对其做出攻击。告诉大家凯不理解业务，这无助于事。这只会破坏你的团队在组织中的形象或强化组织之中业已存在的部门墙。如果你说出不同看法以及你为何不同意，这没问题，但是不要质疑对方的动机或贬低对方，这不合适。

参加"他们认为这公平吗"的测试。如果凯听到了你转述她的观点的发言之后告诉你"你准确地代表我阐明了观点"，那么你就知道自己的表现不错。下一次当你谈论某些与你的观点有别的同事时，你可以先尝试以下的测试。你先听一下自己准备说些什么并询问自己："如果当事人知道我准备说些什么，她是否认为我准确代表她阐明了观点？"如果你的回答是"是"，那么你们可建立更好的关系。如果你的回答是"否"，那么你需要做出哪些改变来通过测试呢？

避免背后攻讦

作为团队领导，你可能在不知情的情况下造成团队成员采取单边控制模式或在他人背后互相攻讦。如果兰斯跑过来对你说"我与山姆发生矛盾"，你准备出面解决，这意味着你允许兰斯把解决问题的职责从他及山姆那里转移到你这里。比起你替兰斯出面解决问题更为糟糕的是，你同意出面与山姆沟通。这意味着兰斯把职责完全转移到你这里。同时，你并不享有兰斯所拥有的所有相关信息，所以你无法回答山姆的提问，你们两人也无法基于知情的选择共同制订解决方案。

你对兰斯的回复应该是："你和山姆沟通过你们之间的问题吗？"如果回答是"没有"，你的第二句回复应该是："是什么原因导致你没有与他沟通呢？"

告诉兰斯，你的角色是帮助他培养可自行解决他与同事间矛盾的能力，而不是替他出面解决问题。辅导兰斯如何与山姆有效沟通，这没问题。甚至你也可以加入兰斯与山姆的会面，帮助他们解决这个问题，这也合乎情理。但是如果你出面代替某位团队成员解决他们之间的问题，你这是在鼓励大家给你提供更多的机会去解决他们之间的问题。如果你不知道如何培养团队自行解决此类问题的能力，这就是药方，你可以节省时间，你可以把注意力投放在其他重点事项上。

当直接下属无法达成一致的时候

当直接下属需要就某个决策达成一致但他们无法做到这点时，怎么办？你可能见过类似的情况。你的两位直接下属对某个话题持有强烈的个人看法，对于他们两人来说，这个话题事关重大利益，他们无法弥补彼此间的差距。

如果采用单边控制模式，他们都认为需要影响你的看法，这样他们的方案才能得以胜出。他们都希望先于对方来到你的办公室。当然，如果他们认为你会依据最后一个进言人的观点做出决策，那么他们会非常关注你与另一个人的会面时间，这样他们可乘虚而入，发起突然袭击。

无论是何种情况，任何一个当事人把问题升级到你那里的隐患是你们并没有把所有信息摊开到桌面上，而这会削弱大家做出承诺的有效性。无论是你，还是向你汇报的当事人，都没有收集全所有信息。一旦其中的一方发现另一方的观点在你这里占据上风时，他们都会面临更为严峻的问题，他们彼此的信任消失了。

作为团队领导，你可以要求直接下属互相担责，而不是对你担责。如果你采用交互学习模式，你认为大家应保持透明并勇于担责。你希望大家做出知情的选择。要求他们共同找到合适的方法，以便将分歧摆在你们的面前。当下属因发生冲突而陷入僵局时，要求他们一起来找你。第一个发现他们陷入僵局的下属可与对方这么商量：

"我认为我们已经尽了最大努力，但是我们依然无法就解决方案达成共识。你的看法和我一样吗？如果你同意我的看法，我建议我们一起去找（你的名字），向他介绍一下我们当前所处的情况，看下一步如何一起行动。我希望确保（你的名字）听到每一方的观点，这样我们可在同一时刻听到相同的看法，然后一起决定下一步的行动。你的看法如何？"

在他们与你见面之前，要求他们一起准备。

识别分歧的原因。他们是因为对信息的看法不同而出现分歧的

吗？或者因为他们有不同的需求难以达成妥协？或者他们有不同的假设导致他们得出不同的结论？

列举两人思考过的可能的解决方案。要求他们做好准备，解释他们为何没有采纳对方提出的解决方案。

要求他们做好准备，解释他们需要从你这里获得哪些帮助来解决分歧。他们需要你确认这些假设是正确的吗？他们需要你来识别哪些互为冲突的利益应该放在更前面考虑吗？

要求直接下属共同设计解决分歧的方法，你增加了做出高质量决策、获得更多承诺或改善彼此关系的概率，而你可确保下属不会过于依赖你。

在电子邮件中使用交互学习模式

电子邮件可能是你业务沟通与问题解决的主要工具。你可以在电子邮件中采用相同的核心价值观与行为，如同你在面对面沟通或电话沟通中那样。以下建议可让你的电子邮件沟通更有效。

- ◆ 解释你的理由。
- ◆ 分享你的观点并真诚发问。
- ◆ 检验你的假设与推论。
- ◆ 提及你的感受，不要让对方猜测。
- ◆ 停止敲击键盘，拿起电话。

解释你的理由。正如你在面对面沟通中解释你的理由，你也可以在电子邮件中这么做。当我撰写这段文字时，我从同事那里收到一封邮件，主题是"你是否需要我三月参与到这个客户的项目之中"。她随后在正文中给出了解释："我无法找到任何信息说明这个项目已经得到确认。另一个客户需要我在三月提供服务。但我本人倾向于服务这个客户。我不想漏掉这个机会。"通过解释她提问的原因，我的同事分享了所有相关信息，这不仅有利于我作答，还可避免我就她的提问做出错误的推论。我现在可针对她的需求直接回复她的提问。为何不多写一两句话来解释你的理由呢，无论是提问，还是分享某个决策或采取某项行动？这可以节约时间并避免麻烦。

分享你的观点并真诚发问。 当发送邮件时，你不要只是陈述自己的观点，还要真诚发问以便了解对方的观点。与其写"我认为我们应该在公司之外举行会议，这样可避免与会者不断进出会场"，还不如问"你们认为这会带来什么问题，如果有的话"。心怀好奇并真诚发问，你增加了对方做出回应的概率。他们会回答你的提问，而你的解决方案可以考虑更多利益相关者的想法。

检验你的假设与推论。 如同我们在电话中沟通或面对面沟通，检验假设与推论也适用于电子邮件沟通。如果你采取行动的假设或推论有误，那会带来麻烦。第一步是通过运用第五章介绍的推论阶梯来觉察你的假设与推论。发送邮件之前，通读一遍电子邮件，仔细留意你做出的假设与推论。发现你做出的假设与推论。例如："我认为我们必须在下周二前解决这个问题。我之所以设定这个时间点是因为我假定我们依然计划在周二拜访这位客户，我希望这个问题可在周二前得以解决。我的假设对吗？"

提及你的感受，不要让对方猜测。 电子邮件的一个问题是阅读者无法觉察你的语调、看到你的面部表情或观察到你的肢体语言。这意

味着有时对方难以从你的表述"我认为这个项目花去了你不少精力，但是没有取得我们预期的成果"中分辨出你是带有同理心、沮丧，还是有别的什么深意。不要让对方猜测。把你的感受告诉电子邮件的阅读者。你可以这么写："我并没有因为此事而对你感到不满。我关注的是其他人没有与你分享信息，这些信息本可以更好地帮助你指导这个项目。"如果你感到沮丧，说出来并解释为何会这样。

停止敲击键盘，拿起电话。我们有不少基于文字表述的沟通方式，但是这些方式经常出错，如移动电话、Skyping、短信、电子邮件等，或许还有不少尚未发明的方式。我注意到相比于我从计算机中发出的邮件，我从 iPhone 中发出的信息更短，解释更少。这是因为相比于计算机，我不得不花费更多的精力在更小的 iPhone 键盘上编辑文字。我注意到那些给我发送电子邮件的人也表现出相同的行为模式。但是有些信息真的不适合用电子邮件发出。当你处理的问题需要检验数个假设，需要解释你的理由或询问其他人的理由，或者谈及感受时，请不要敲击键盘，输入文字，还是抓起电话直接沟通吧！这样的沟通方式互动性更强，你可以更好地解释你的观点并理解对方。相比于大家忙着互发电子邮件，这可以节省很多时间。

| 团队用一个声音说话

高管团队通常有一条规定，那就是一旦做出决策，他们应该用一个声音说话。一旦离开会议室，他们期待每位团队成员全力支持团队决策。任何在会议室里表现出来的担心必须留在会议室里，而不能与团队成员的直接下属分享。

期待每位团队成员在团队做出决策后支持该决策，这没问题。但是要求团队成员把他们的担心留在会议室里，这会带来问题而不是解决问题。当团队成员与他们的下属沟通如何落实决策时，下属也有可能表现出担心。另一种可能是这位直接下属向他的上级（也就是高管团队成员之一）表现出担心后，高管团队才做出决策，而那位领导在你们的讨论中表现出同样的担心。

所以你需要站在他人的角度考虑。想象一下你告诉直接下属你会全力支持高管团队做出的决策。如果有人问："那我们讨论过的那个问题怎么办？"你该如何回答？无论你是否定存在问题还是没能解决担心，你将面临两个问题：你发现决策难以实施，因为直接下属的担心尚未完全消除，或者你在直接下属面前丧失信誉。

交互学习模式团队期待团队做出决策后，每个人都同意通过他们的言行来支持这一决策。交互学习模式还鼓励大家与各自的直接下属分享担心。如果你还没有分享你的担心，你就没有做到保持透明。所以，在高管会议中，大家对各自的担心可以畅所欲言，如果决策做出之后他们依然存有顾虑，他们也可自由表达，只要他们清楚地表明，他们已经听到了其他人表达的信息与利益，他们是支持决策的，他们期待下属也能这么做。

> 交互学习模式团队期待团队做出决策后，每个人都同意通过他们的言行来支持这一决策。交互学习模式还鼓励大家与各自的直接下属分享担心。

帮助你的团队来影响你

你的直接下属花费大量时间思考如何更好地影响你。你可能需要

花些时间来倾听他们的想法。如果你告诉他们需要做些什么来影响你，这样可以节约彼此的时间及精力。

有时候当你听取团队成员的看法后，你将为团队做出决策。虽然你还没有做出决策，但你已经思考过这个问题并意识到只有某些信息才能影响你的决策。

告诉大家什么样的信息可以影响你。你可这么说："我倾向于把两个团队合并在一起而不是分开来。我认为这有利于节约成本并提高服务质量的可靠性。虽然我认为这有利于改善质量，但我还不是十分肯定这点。如果你们有任何看法，我对此保持开放。如果你们对于服务质量有任何信息或想法，我愿意听取。"

如果你基于单边控制模式行事，这一策略对你难以奏效。告诉大家如何影响你就如同帮助其他人来击倒你一样。但对于交互学习模式而言，这不过是对你的推论保持开放。这有助于其他人为分享给你的信息担责，这样你可以做出更为知情的选择，也可以节约时间。

团队成员可以对你或任何其他他们希望影响的人使用类似策略。与其试图发现对方是否愿意接受其他人的看法，不如这么询问对方："你是否愿意听取其他人对于这个问题的看法？我这么问的原因是我不希望占用你的时间或我的时间，如果你不愿意的话。"如果你愿意听取他人的建议，团队成员可询问："你愿意听取哪方面信息？哪些信息对你有用？我这么询问是希望尽快找出我可以给你提供哪些有用的信息。"心怀好奇，团队成员可要求你保持透明并担责。这可以帮助你们做出知情的选择。

第八章

成为更聪明的领导

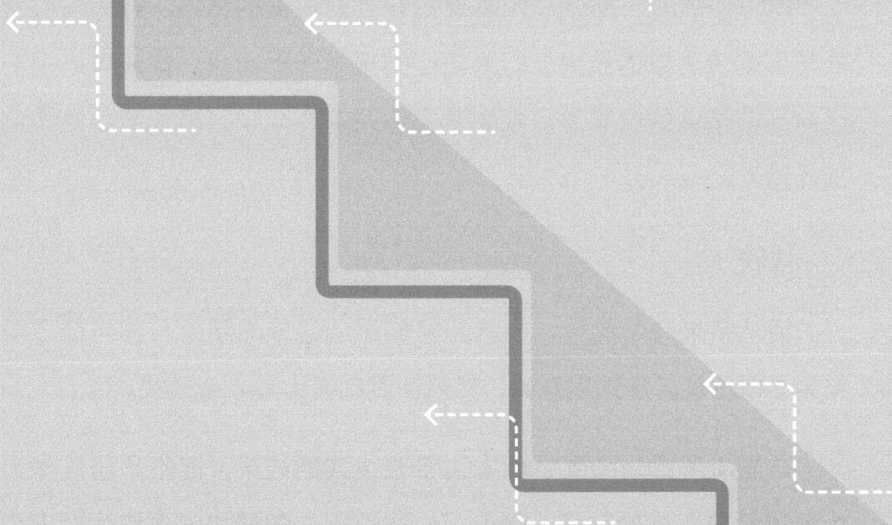

为了做到知行合一，本章将为你提供实际建议，帮助你内化交互学习模式并基于这一心智模式打造有效行为。你可能发现将书签放在图 3.4（交互学习模式的良性循环）与图 6.1（团队有效性模型）那两页非常有用，这样你在翻阅时可经常参考这些原则。

▌ 开启学习之旅

如果你经常设定目标并达成目标，或者至少接近达成目标，那么这里所建议的顺序大致可与你的风格匹配。首先请判断一下你现在所处的位置以及你想前往的目的地。然后以此为基准，制订行动方案。一旦这些事项足够明晰，请与团队沟通你在做些什么。随着对话不断深入，与团队共同规划他们将如何为你的个人发展提供支持。

评估

作为评估的一部分，你需要把你当前取得的结果、行为与心智模式与你期待达成的结果、行为与心智模式予以比较。你还可以提升自己对当前情境的觉察力，找到激发你采用交互学习模式或单边控制模式的诱因。

比较

请从结果开始比较，也就是将你期望达成的结果与你当前取得的结果予以比较。从这里开始，然后回溯到行为与心智模式。

这里所考虑的结果是你本人希望达成的结果，而不是团队作为一个整体希望达成的结果。例如，你是否正在尝试如何更好地做出个人决策？你是否正在尝试如何缩短你实施某件事的时间而不是依赖整个团队来推进某件事？你是否正在尝试如何与他人建立信任关系？把这些期待达成的结果与你实际得到的结果予以比较。

然后，转向考虑行为，其中包括第四章与第五章所讨论的基本规则及其他比较重要的行为规范。审视当前结果并识别你用于达成结果的行为。请思考具体的例子。例如，如果你试图与他人做出更好的决策，思考一下那些让你感到沮丧与失望的团队决策结果。通过单边控制模式的视角，你可以审视一下究竟是哪些行为带来这些结果。你是否陈述观点而没有邀请其他人发表他们的观点？你是否只聚焦本人的立场？你是否做出了假设却没有检验，事后发现这些假设是错误的？如果你发现自己把注意力放在了其他人的无效行为上，为何不反求诸己："我是如何对这些行为做出糟糕回应的？"

当识别出这些结果背后的单边控制模式行为时，你就能够接受给你带来预期成果的交互学习模式行为。在此情境中，你需要陈述观点并真诚发问，聚焦利益而非立场，检验假设与推论。

然后，你可以从行为回溯到心智模式。通过反思低效行为背后的价值观与假设，你可识别出有效行为背后的不同价值观与假设。当然，交互学习模式与单边控制模式都是系统，所以每种方式背后的核心价值观与假设一起促成你的行为。

但是，你将发现，对你而言，某些价值观与假设相比于其他价值观与假设更具挑战性。你是否假设你理解了当前情境，与你看法有别的人没有做到这点呢？你是否忙于如何让自己的观点取胜而不是理解他人呢？那么，哪些交互学习模式的假设与价值观可给你带来你所期望的行为呢？例如，你可能发现自己最需要改善的一项核心价值观是

心怀好奇，由此你可以经常假设自己可能错失了某些信息而其他人却关注到了。

请回顾一下第一章所提及的交互学习模式评测题并重做一次。如果你没有做过，那现在不妨做一下。既然你现在能更好地理解交互学习模式与行为，你就能更准确地评估你与团队成员之间的关系。

当你针对某个挑战时刻完成这一流程时，你可以识别出你期望采纳的交互学习模式与行为的关键要素。如果你针对其他情况不佳的情境再次重复这个流程，你会发现相同的行为、核心价值观与假设会再次出现。事实上，我们处理某件事情的方式与我们处理其他事情的方式类似。请改变你的心智模式与行为中的要素，这样，你将在更多场合享受由此带来的利益。

诱因

评估现状时，你也可以识别出哪些诱因导致你采用某种心智模式。在任何特定的情境中，你可以选择采用何种心智模式，虽然你还没有发现这一可能性。如果你能事先识别出导致你采取单边控制模式的诱因，你可以在挑战性时刻觉察到那个诱因并转为选择交互学习模式。

回想一下你基于单边控制模式行事的情境。是哪些诱因导致你采用该心智模式？正如我之前分析的那样，通常，当人们面临挑战、威胁或窘迫时，他们会采用单边控制模式。对你而言，其中的利害关系重大，你可能太执着于你对某个解决方案所倾注的心血，或者你不得不对其他人所表现出来的单边控制模式行为做出回应。

如果你无法记住过往事件中的诱因是什么，下一次当你出现单边控制模式行为时，你可以提醒自己注意这些诱因。这是要求其他人给你提供反馈的好时机。几乎可以肯定的是，受你影响的对象可清楚地看到这点并且对于你偏离正常轨道的原因一清二楚。当你与团队谈到如何帮助你改变领导方式时，这将是价值非凡的信息。

制订个人行动计划

评估了你想采用的新价值观与假设，以及源于价值观与假设的行为，你可以开始实施三步走的计划：选择情境，设定个人改变的目标，安排持续规划、自我评估与反馈的时间。

选择情境

你会首先在直接下属面前尝试改变，还是在你的同事面前？或者你的上司？再或者你的客户、供应商？如果你愿意面对不同对象做出改变，那么你在不同场景中取得不错结果的概率也将增加。另外，你越是经常使用这些策略，你越能尽早取得你希望达成的结果。

你有许多练习的机会，只要你身边有人。当我辅导团队领导时，我经常听到的抱怨是："罗杰，在过往的数周里我没有太多机会尝试交互学习模式。"除非你把自己封闭在盒子里，否则你有许多实践机会。（当然，我应在这里表现出更多的同理心。）哪怕是日常微不足道的互动，如与你的员工或助理之间的简短互动，与商店的收银员之间的沟通，与饭馆的服务员的聊天，或者任何其他合适的场合，你都可以尝试保持透明、心怀好奇等。通过在这类点头之交的场合里不断练习，你可以提升自己在更重要场合自如应对的能力。

如果你在家中尝试这一方式，以下是促进家庭和谐的贴士：告诉你的配偶或孩子，你承认自己是家庭关系紧张的源头之一，你因采用全新的视角并对改善关系做出承诺而受到欢迎，无论你能否兑现。这远比你告诉他们你是如何发现家庭中所面临的问题的要好得多。请记住，这是你的练习，与其他人需要做些什么无关。

设定个人改变的目标

虽然这显得有点老套，但依然有效，无论你准备改变的行为是哪些，设定具体目标有助于增加你成功的概率。公开告诉其他人你的目标，这有助于其他人帮助你去达成这些目标。

从评估现状时你的新发现入手，除了设定提升绩效、改善工作关系以及提升你的幸福感等整体目标，当你与某个特定对象或团队为某次具体会议、对话、电子邮件或决策设定目标时，请留意你希望达成的结果。例如，与直接下属开会时，你可能希望设定的目标是心怀好奇，这样你可以更好地理解他们的假设与利益，了解他们对于当前情境所掌握的相关信息。对于类似的交流场合，你可能希望设定的目标是对这些事情保持透明。

忘掉无所不能的银色子弹吧！你从来不会发现因为你说了某句话或做了某件事，写下某行字或做出了某项决策就可神奇般地提升业绩，建立更好的工作关系或提升幸福感。当然，请不要低估每次互动给你和同事之间的互动关系所带来的正面影响。

安排持续规划、自我评估与反馈的时间

系统改变源于规划、行动与评估所构成的循环。一旦你在头脑之中设定了这样的目标，你将抽出时间，安排地点来规划、回顾你的行动，并从他人处得到反馈。

我所辅导的某位领导会在每天早上步入办公室之前抽出时间做好

规划。他会审视一天的行程安排并为挑战性会议或电话做好准备。他知道一旦步入办公室，他很难留出规划的时间，哪怕他拔掉电话线或紧闭房门。在会议开始之前，他也很难找出规划时间，因为不断有人来请示他。所以他会在写字楼偏僻的一角找到一处无人打扰的地方，在那里他可以一边喝咖啡一边审视一天的安排。对于每次会议，他会识别出需要关注的交互学习模式的关键要素，另外，他会识别出有可能引发他采用单边控制模式的诱因。他告诉我，每天就这么花上十分钟时间，在无人打扰的情况下做好一天的规划，可为他全天的成功奠定坚实基础。一旦他没有抽出时间用于规划，他发现自己往往会陷入僵局，而结果也更加糟糕。

无论你是今晚为明天的会面做好准备，还是一大早坐在你的办公桌前，或者在早上的某个时间段里抽出时间，请养成习惯，规划如何在即将到来的会面之中采用交互学习模式。另外，你需要安排好自我评估的时间并回顾之前的决策、互动与反馈，无论是计划之中的还是即兴为之的。这有助于你采取正确行动，为未来的会议或邮件沟通做好准备。人们对于会议的记忆非常短暂，你越早回顾每次会议中大家的互动方式，你回忆起的细节就越多。

自我评估可以非常简单：无论结果如何，比较你的目标与实际达成的结果，比较你准备采用的行为、心智模式和实际展现出来的行为与心智模式。一旦看到其中的差距，你可询问自己是哪些诱因导致你陷入单边控制模式中。你可以帮助自己为下一次采用不同的心智模式做好准备。

作为审视的一部分，你可以规划在什么时候，采用什么方式，从谁那里得到反馈。

▌告诉团队你在做些什么

花些时间思考你如何在团队中引入交互学习模式，你准备说些什么及如何示范。对话可以从清晰地陈述你的目标开始。让你的团队知道你准备在领导方式上做出哪些改变，并期望听取他们对你的规划做出的回应及持续反馈。（第四章有关行为 2 的讨论中所提供的建议可在此派上用场。）总结一下：直接切入正题，不要让无关紧要的细节干扰主旨或采取旁敲侧击的方式；你越是拖延宣布你接下来的打算，团队成员就越会感到焦虑，他们会就你的意图编造各种故事。我敢保证，他们对于你改变领导方式的想法至少抱有许多好奇心，也许还有担心或感到如释重负。

是既有展示又有告知还是只有展示

当改变领导方式时，你应该说多少？你是准备采用行胜于言的方式，还是想让人们知道你的想法究竟是什么？你想告诉他们些什么？什么时候告诉？你准备从他们那儿听到什么反馈？

当采用新的领导方式时，如果身边少有人与你共事过，那么你没有必要解释发生了什么改变，因为他们之前对你并不了解。但是如果你们共事过，那么你需要解释你为何尝试改变，因为人们做出解读的方式会强化他们之前做出的推论。如果团队成员知道你有时会采取单边控制模式，而你现在开始尝试交互学习模式，他们可能会认为你在采用一种新的方式来控制他们，但是这种方式更为巧妙。通过解释你的新行为与背后的意图，你可以增加他们按照你的期望解读新行为的概率。一旦理解了你的意图，他们可以给你提供更多、更好、更为细致的反馈。

> 通过解释你的新行为与背后的意图，你可以增加他们按照你的期望解读新行为的概率。

最重要的是，当开始谈论交互学习模式时，你可以通过亲自示范的方式在团队中引入这一模式。行胜于言。这一做法可让其他人很快看到你提倡的是什么以及你将采取的行动为何。请做好准备，在大家面前示范交互模式行为。你本人最好成为你希望看到的变化的一部分。

解释你的推理与意图

一旦你表示自己将改变领导方式，团队成员会对你为何这么做感到好奇，他们会询问你"为何这么做""和谁讨论过""读过什么书"。他们会思考这些问题，哪怕他们赞同你需要做出改变。对于哪些因素会促成你当前的改变，请保持透明。

你的团队也会好奇你的最终目标是什么。你改变领导方式的原因是你希望自己变得更加有效？或者你认为整个团队需要变得更加有效？如果你认为整个团队需要变得更加有效，一旦有人询问你为何不现在就要求整个团队做出改变，你准备如何回答？回答这些问题很重要。更好的做法是在他们提问之前预测问题是什么。基于交互学习模式的精髓，你可能会这么说："我想你们在猜测我的最终目标是什么，我为什么没有要求你们也做出改变，你们有这些疑问吗？"

当说出这些时，你在团队成员面前示范了如何提出在团队看来是不便讨论的话题。当回答这些问题后，你示范了如何保持透明、心怀好奇及担责等核心价值观，当然你要带着同理心。

鉴于你已经决定在领导方式上转为采用交互学习模式，你可能希望团队也采用这种模式。但是，要求大家这么做之前，你要先改变自己。这一做法好处多多。示范是原因之一，如果改变对于团队而言显得步伐太大或团队看似难以理解，你先行一步会有助于后续行动。

无论原因为何，与团队分享理由并做出检验。如果你准备示范这一模式，这样你可随后要求团队采用这种模式，那你为何不说出来呢？基于你对团队做出的推论，如果你想独自一人先行一步，请检验这些推论是否成立。团队是否需要更多的信息做出知情的选择？在团队成员心甘情愿做出承诺之前，他们是否真的需要看到你做出了承诺？检验这些推论，并澄清这是你所做的一切。你可能已经了解团队希望与你一起做出改变。你也可能已经了解团队成员在承诺做出改变之前，他们还需要从你这里了解额外的信息。

另外，示范交互学习模式的假设，你认识到你也有可能是问题的始作俑者。就你的领导方式对于团队绩效及大家工作关系所带来的负面影响给出具体例子。团队成员可以马上注意到你愿意保持透明并在他们面前展现你在领导方式上的不足。这让他们更容易开口，与你分享他们眼中的你是如何造成这些问题的。你可能会这么说：

"通过阅读与思考，我意识到我做的好几件事情削弱了决策质量。例如，当我在头脑中构思了解决方案后，我倾向于提出这一解决方案并强推给你们，希望你们接受，而没有找出这一解决方案可能给你们带来的麻烦。结果是我们最终拿出的解决方案给你们中的不少人带来了麻烦，而我还因这些问题对你们感到不耐烦。例如，上个月当我们讨论是否要外包部分 IT 职能时，我极力主张外包部分 IT 职能这一解决方案，虽然布伦特、苏珊与凯特都说这会延迟我们的响应时间。因为我没有心怀好奇并理解你们的想法为何是这样的，我还是坚持我的想法。现在你们已经知道我们的响应时间延长了。这与你们的理解是否一致?"

继续解释你将采用不一样的方式来应对这一情境。提供前后对比的例子，让团队更容易理解你将如何做出改变，以及在哪些方面做出改变。这可以让你听到他们的反馈。例如，你可这么说:

"如果让我今天重新思考将部分 IT 职能外包的决策，我会采取不同的方式。我依然会分享我提出的解决方案，但是我会花费更多时间和精力解释这一解决方案是如何满足我们的需求以及整个组织的需求的。随后我会心怀好奇，我会询问:'我是否准确描述了你们的需求或我有什么地方不对?'如果我这么说的话，你们可能会更为明确地指出我的解决方案尚未满足的利益。随后我会要求所制订的解决方案需要满足大家识别出来的所有利益。这么做会让我们做出更好的决策，无论是你还是我就不会像现在这么沮丧了。大家对于我当前的处理方式有何反应?"

你介绍了会议目的，你想做出的改变，你看到的差距，请放慢脚步并心怀好奇。询问大家对于当前情境的看法，无论他们的看法与你一致或不一致。这会让你与他们保持一致。花些时间理解大家的想法并讨论他们的提问。他们是否赞同你的例子? 他们是否看到其他例子说明你可以更有效地展示领导方式?

当然，解释你的意图还包括解释你眼中的交互学习模式是怎么一回事。团队对这一模式的认识深浅取决于你和他们的共同努力。如何介绍这一模式并没有唯一正确的答案。除了提供具体例子说明交互学习模式与单边控制模式的区别，你可遵循以下关键点来做出解释:

◆ 大家的头脑中都有一套操作系统，这就是驱动我们行为的心智模式。通常我们并没有觉察到我们的心智模式。

◆ 我们的心智模式决定我们的行为，而行为将带来我们所得到的结果。

◆ 驱动人们行为的有两套基本心智模式：单边控制模式与交互学习模式。

◆ 在挑战性情境中，几乎所有人都会采用单边控制模式，这会让我们得到我们极力希望避免的结果。

◆ 成为更有效的领导意味着我不仅需要改变行为，而且需要改变驱动行为的心智模式。这需要不断练习并听取他人的反馈。

在此基础上，你可以进一步解释单边控制模式与交互学习模式的核心价值观、假设与行为的差异，以及这些行为所带来的不同结果。解释的过程中，请心怀好奇，你可以邀请对方提问或做出回应。这可以让你自然地与团队分享他们所需要的信息。

最初的介绍结束后，你和团队可以共同设计步骤，帮助团队更多地了解这一模式，例如，阅读本书或"高效团队的八种行为"的文章（可登录 www.schwarzassociates.com）。要求团队成员参加第一章所提及的交互学习模式行为在线测试。大家一起讨论交互学习模式核心价值观、假设与行为。

总体来说，你要尽量使用自己的语言来介绍交互学习模式。当撰写此书时，我采用的是我的表述方式，而其中所用到的术语也是我辅导高管时所使用的。例如，你可能感到推论一词不合适，因为使用这一表述可能会让团队感到你缺乏诚意。在这种情况下，与其说"我的推论是"还不如说"我认为"或"这听起来"或任何你觉得合适的表述。

尝试使用交互学习模式术语直到你感觉这些词语的确适合你，无论你在哪个阶段。

讨论你的改变将如何影响团队

如果你不希望团队马上和你一起开启变革之旅，你需要做出更多的澄清，因为你和你的团队是一个系统。你的心智模式与行为中的任何改变都会对他们产生影响。当你开始变得心怀好奇时，你将要求他们分享之前不曾分享的信息。当你开始给团队提供更多知情的选择时，与之前相比，他们可能会给出更多提问，在某些决策中他们需要更多参与其中。如果你开始让团队成员更多担责或对团队担责，他们可能会更多挑战彼此，其中也包括你。改变自己是你开始改变系统的方法之一。如果你只改变领导方式却没有期待团队成员的行为做出任何改变，那么你们做出的改变远远不够。

所以当团队成员询问他们是否需要做出改变时，请给出明确回复。请区分两种不同的改变：一种改变源自他们对你的行为变化所做出的回应；另一种改变源自你要求他们运用交互学习模式并在推行这一模式中起到带头作用。

借助反馈来培养团队

为了培养交互学习模式并提升相关技能，你需要经常尝试给你的团队提供反馈并从你的团队那里听取反馈。当你们共同设计这一模式时，无论是你还是团队，都需要考虑如何提供反馈以及何时提供反馈，如何让对方在接受反馈时感到安全。

团队对你期望的改变是什么理解越到位，他们给你提供的反馈就

越好。针对你期望做出的所有改变，请给团队提供例子说明单边控制模式的行为是怎么回事，新的交互学习模式的行为又是怎么回事。如果你们带来了这些改变，你可以介绍你所期待的团队成员的感受是什么样子的。在合适的时候寻求反馈。例如，你可这么说：

"我期待的改变之一就是从'我是对的，你是错的'这一立场转变为'我们每个人都可看到其他人没有注意到的方面'这样的立场。作为变化的一部分，我准备把我的反问替换成真诚发问。这样，当你们提出的解决方案在我看来不太靠谱时，我不会说'你们究竟是怎么想的'，而会说'我不太理解这一解决方案，你可以解释一下该解决方案是如何解决问题的吗'。这不仅改变了表述方式，还真正做到心怀好奇。我不仅没有让你们感到我在贬斥你们或不理睬你们，我希望你们觉得自己被融入了进来，因为我真的对你们的想法感到好奇。无论如何，我们应该把更多的信息摊到桌面上讨论，这样才能做出更好的决策。大家对我提出的这一转变，也就是不再追求'我是对的，你是错的'的提法有何疑问或想法？"

请记住，你的心智模式影响你的行为，而不仅仅是你的表述。你做出的决策，你采取的流程，你发送的邮件，你采取行动的所有方式，这些都可以成为你使用交互学习模式时的反馈对象。团队给你提供的反馈所覆盖的范围越广，反馈就越有力。除了负面反馈，请强调一下，团队也需要你在成功实现期望的改变之后给予正面反馈。这可以强化改变并不断激励你。

当团队理解你希望如何做出改变后，你们需要达成一致，看何时给你提供反馈最利于促进你做出改变。反馈所带来的触动越大，其产生的收效就越大，你就能越早付诸实施。如果你在行为发生的现场接受即刻反馈，这对你的帮助最大。当你和同事开会时，你没有解释你的理由，如果当时就有同事指出这点，这时反馈产生的效果最明显。这也有助于其他团队成员告诉你，他们眼中的你所表现出来的行为与此类似还是有所不同。这有助于你即刻做出改正，避免或减少你的单边控制模式行为所带来的负面后果。

你越是愿意在行为发生的那个时间点接受反馈，你就越能感受到马上从他人那里听取反馈或与他人互相反馈所产生的价值。当然有时你希望对方不要即刻给出反馈。你可能觉得行为出现的时机或场合让你感到过于不安或不适合接受反馈。例如，你是否愿意在你的上司面前接受来自团队成员的反馈？在你的同级同事面前呢？在你的客户面前呢？

与大家一起商量他们给你提供反馈的最佳方式。在理想的情况下，人们会使用我在第五章中介绍的检验推论的方式来给你提供反馈。简而言之，他们会介绍听到你说了些什么，看到你做了些什么，并与你核对大家的看法是否一致，然后介绍他们的所见所闻是否与你期望做出的改变保持一致，并与你再次核对。你可以和团队商讨对你最有用的反馈是什么。但是，请记住，这么做意味着他们需要在交互学习之路上走得更远，但他们未必做好准备。所以，无论如何，你要准备接受这样的反馈：团队成员做出了陈述却并未听取你的看法，他们对你的做法做出了未经检验的推论。当你收到的反馈好像采用了单边控制模式时，你的挑战在于如何基于交互学习模式做出回应。

安全第一。如果你让团队在安全的氛围中提供反馈，你可得到更好的反馈。这意味着你需要打造一个环境让大家与你沟通时不会感到窘迫、遭到贬斥或遭到惩罚。让人哭笑不得的是，安全环境可能依然处于你的打造过程中，当然，这是基于交互学习模式，所以，团队成员尚未习惯给你提供反馈，尤其是当他们感到不够安全时。哪怕你采用单边控制模式，依然会有团队成员给你提供反馈。但是，总体来说，如果你采用防御的方式对大家的反馈做出回应，如对反馈做出争辩、关闭对话大门，甚至做出反击，团队成员依然会认为你并没有对他们的反馈表现出真正兴趣，他们可能不再给你提供反馈或只给你提供少许反馈，且诚意更少。这会削弱你从团队那里学习的能力。

询问你的团队他们需要得到什么才能给你提供具体而诚恳的反馈。随后仔细倾听他们的要求并共同设计创造这些条件的方式。当团队成员提供反馈时，一个更利于你去发现并准备接受反馈的方式是鼓励他们使用一些明显的铺垫用语，这些用语得到广泛认同。例如："我现在可以给你提供一些反馈吗？"找到达成一致的表述也有帮助，因为这些表述可以帮助你回忆起你对反馈做出防御性回应的信息。这非常重要，因为你的防御可能阻碍大家给你提供负面反馈。

> 询问你的团队他们需要得到什么才能给你提供具体而诚恳的反馈。随后仔细倾听他们的要求并共同设计创造这些条件的方式。

不断完善自我

你可以马上开始你的变革之旅并看到你做出改变后所带来的一些成果，你越是坚持不懈地练习，你就越能充满自信地在更为挑战的情境中做出即兴回应。随着你更为自如地使用交互学习模式并取得进展，你可以看到这一模式带来的更多改变，而这会进一步提升你的成就感。随着时间推移，你会到达这样一个阶段——在绝大多数情况下，你在使用交互学习模式时丝毫也没有注意到你在使用这一模式。

任何变革之旅都不会一帆风顺，迟早你会遇到障碍。你依然会遇到某些会议或对话进展不顺的情境。你发出的邮件关闭了沟通大门。你可能采用单边控制模式做出决策，如果采用交互学习模式，你本可取得更好的结果。重要的是就这些不尽如人意的场合做出分析并听取反馈，并坚持使用这一模式。别忘了认可并庆祝你所取得的进展，这也很重要。你值得拥有这些。

第九章

成为更高效的团队

让整个团队使用交互学习模式，这远比让你独自一人改变自己的领导方式更有力。作为团队一起发生改变，大家的学习速度更快，取得的结果更好。当大家一起发生改变时，你们可以给彼此提供更好的支持。但是，让整个团队一起参与变革，这背后还有更为基本的原因。如果你阅读本书的目的是你期望团队取得更好的结果，最终你和团队都需要发生改变。如果你和团队希望一起启动变革之旅，或者大家看到了你改变后所取得的效果希望步你后尘，那么在本章我将介绍你们可以采取的步骤。

为了取得最佳效果，团队成员需要就改变他们的方式做出知情的选择。在实践中，这意味着你需要和团队成员讨论交互学习模式，以及使用这一模式所带来的改变，在他们决定是否采用这一模式之前，你可要求他们先行体验一下。

请记住，当你提议团队做出改变或你要求团队成员尝试交互学习模式时，你是在冒险。团队知道这点：你在要求他们做出根本性改变。由于涉及的利害关系越来越重大，工作任务需要他们做出的承诺也越来越多，所以团队成员有可能表现出更多担心。如果你介绍的计划只涉及你的领导方式发生改变，他们可能对于你给团队做出的评价感到好奇。现在他们会提出更多疑问，了解你为何寻求更大范围的变革，他们希望了解你是否认为团队无效或难以发挥作用，以及在多大程度上他们是一支真正的团队。

所以，对话可能需要更长时间，所涉及的范围更广，结果也更难预料。该对话不是团队可以在两小时的高管团队会议中可以完成的。这一对话也会对你提出更多的挑战。不要指望对话内容轻松，相反，团队成员会分享许多苛刻的想法，给出许多意想不到的提问或担心，这些都需要在构建承诺的过程中给予回复。团队成员可能要求你举例说明你看到了什么促使你认定团队需要做出改变。团队会议之前，请花些时间准备好例子。考虑到团队成员可能提出更为挑战的问题与话题，其中，不排除某些话题在你看来有跑题的嫌疑，请带着真正的好奇心做出回应，而不是陷入防御，这非常重要，当然，做到这点并不那么简单。

开启团队变革之旅

打造高效团队的变革之旅与你改变自身的心智模式和领导方式的路径类似。你可以从评估现状开始，鼓励团队参与其中，大家一起规划。

再次独自评估现状

这次依然需要从你自身开始，你可以首先评估一下团队现状，比较现状与你期望达成的结果，然后回到团队设计（情境、结构与流程），其中包括行为，最后回到心智模式上。当你这么做时，你可以收集你观察到的信息与看法，判断大家在交互学习模式中所处的位置。

作为评估的一部分，你需要识别心智模式中的要素，在你看来，这些要素将决定有效的团队情境、结构与流程及团队需具备的行为，将其与团队当前采用的心智模式要素予以对比。请留意，当你探究你所观察到的团队结果、团队结构、团队流程及行为时，你不过是在识别其他人所使用的核心价值观与假设。你无法直接观察到他们的心智模式，所以你就团队成员的想法做出推论与归因。随后当你与团队成员讨论时，你需要检验这些推论与归因。你或许希望与团队分享你对于自己心智模式的看法。

请考虑与绩效、工作关系和个人幸福感相关的结果。当你阅读本书时，你可以思考以下几方面的结果。团队是否需要在创新上做得更好？是否需要进一步降低成本？是否需要更为有效地管理冲突？是否需要缓解压力？你对结果定义得越具体，团队理解这些结果就越到位。你是否拿到可说明结果的数据？你是否得到栩栩如生的故事帮助团队理解问题所在？当你结束评估这些结果时，你可列举出团队需要达成的具体结果并将这些结果与当前结果进行对比，其中包括数据和解释性注解。

例如，如果你试图在团队中做出更好的决策，思考一下那些让你感到失望或沮丧的决策。当你通过单边控制模式的视角回顾这些决策时，思考一下究竟是哪些行为带来了这些结果？识别你在团队中表现出来的单边控制模式行为也是非常重要的第一步。现在你可以思考一下其他团队成员是否采用了同样的思考方式。

当你独自评估了团队的有关情况之后，你总结出团队所需实现的结果以及达成这一结果的方式，并将其与团队当前取得的结果以及原因进行对比。这两方面信息将成为你与团队对话的核心。但这些仅仅是你的故事，它们并不完整。请把这些故事看成假设，需要团队和你共同检验并予以修正。如果你把这些故事看成你的私有财产，你寄希望于通过说服团队接受你的故事来赢得胜利，那你又退回到单边控制模式了。

开始与团队对话

当你准备与团队开始第一次对话时，请牢记之前你和大家谈及你

个人改变所需考虑的基本要点依然适用。例如，你不想让无关紧要的细节影响主旨或迟迟不告诉大家你期望这次会议是讨论整个团队如何采用更为有效的交互学习模式。不要采用旁敲侧击的方式，只是说你希望大家尝试新的行为。与此同时，在团队决定是否采纳这一方式之前，你需要给团队成员提供他们所需要的信息以及必要的体验，这样他们可做出知情的选择，这点需要明确。

请准备具体的例子说明你自身取得的进展，并说明你还有哪些方面需要做出改进。你需要做好准备，表明你对于其他同事的看法保持开放态度，而且你期望每位团队成员可给所有团队成员提供反馈。你需要让团队知道你希望开展一次对话，以便每位团队成员可从其他成员那里了解到他们对于团队现状的看法。

做好示范交互学习模式的准备。开始时，你可以再次说明你为何希望整个团队讨论是否需要采用交互学习模式。承认你的提议可能是错误的，你虽然坚信交互学习模式所蕴含的智慧，但是团队需要做出检验并决定是否需要往前推进。你的开场白可能是这样的：

"这次会议目标有三个。其一，我想和你们分享一下我的领导方式所做出的改变，其中包括我做出改变的原因，我想听取你们的反馈。其二，我希望与你们讨论一下整个团队如何做出改变，这样大家能更有效地一起开展工作。我认为，作为一个团队，我们可以取得更好的结果。我希望和你们分享一下我的想法，当然，我也想听取你们的想法。我想明确一点，我还没有决定团队是否采用这一模式。我希望大家对这一模式能有更多了解，并亲身体验这一模式，然后我们再做出决定。这引出了我的第三个目标。其三，我希望大家能达成一致，看我们如何更好地了解并体验交互学习模式，以便就这一模式是否适合我们做出知情的选择。我估计开展这一对话可能需要多次会议。对我们而言，这是一个重要的话题，我希望给大家留出足够的时间。基于我所描述的目标，在现有的会议议程上大家看是否还需要添加什么话题？"

如果你得出的结论是你希望在你开始变革的同一时刻让团队也参与其中，你可以这么说：

"我已经思考过改变是否只从我一人开始，然后再要求团队开始变革。斟酌之后，我认为如果我们作为一个团队一起发生改变，那么变革将更容易、更迅速、更有效。从其他人那里学习或与其他人一起学习，这是交互学习模式的核心。作为一个团队，我们越早开始变革之旅，就能越快享受到我们自己创造的收益。大家对于我的提议有什么疑问或想法？"

有关你的示范方式，你可以这么告诉团队：

"我准备在今天的会议中采用交互学习模式。当我本人使用的时候，我会指出我是如何使用这一模式的。请记住，我正在学习这一模式，所以我并不熟练。如果你们对我表述的内容有任何疑问，请提出来。这有利于我们更好地理解这一模式。"

对于以下问题做好准备："我们团队出现了什么问题？你是否认为我们的工作低效？"如果你幸运的话，团队成员会直接发问。（如果你真的足够幸运，他们的提问将充满真诚与好奇。）如果他们没有发问，你准备好提问并自行回答。你可以这么说：

"之前我说过我认为我们本可以成为更有效的团队。我并不认为团队有问题。我认为我们作为一个团队在某些方面表现得不错，但也会

时不时地陷入僵局中，所以我们必须在某些事情上做出改变。让我给你们举出几个例子并听取大家的反馈（举出例子）。我举行这一对话的原因是我对于如何让我们变得更有效以及如何做出改变非常感兴趣，目标之一就是希望大家就该话题达成共识。"

准备好例子，说明在你看来团队当前还有哪些表现不尽如人意，这样你可以检验团队成员是否真的赞成你做出的评价。他们是否赞同你的看法，认为单边控制模式是导致团队低效的主要成因，而交互学习模式可带来值得付出努力的改变。

帮助团队成员理解团队有效性的关键点（更多细节请参考第六章）。

◆ 团队有效性开始于交互学习模式这一心智模式，而以交互学习模式所取得的结果收尾。与交互学习模式一样，团队看待问题的方式影响团队成员共事的方式以及团队所能取得的结果。

◆ 团队设计是取得强有力结果的前提。同样，团队领导设计团队的心智模式将影响团队结果。

◆ 八种交互模式行为（第四章与第五章所描述的八种交互模式行为可整合到图 6.1 中提及的团队结构中）是践行交互学习模式的方式。

团队成员理解采用交互学习模式的团队将变成什么样，这非常重要。对大多数人来说，这点在直觉上并不是那么直白。当整个团队采用交互学习模式的时候，这改变了团队领导方式的本质，正如我在第一章所描述的那样，从"房间里只有一位领导"转变为大家共担领导职责。因为团队成员对于他们所理解的共担领导职责的看法有别，所以，明确指出共担领导职责的内涵是什么，不是什么，这有助于大家达成共识。表 9.1 回答了与这两种模式有关的提问，并可帮助你与团队首先讨论如何就交互学习模式开展实验，然后决定是否采用这一模式。

表 9.1　比较团队的领导力方式：单边控制模式与交互学习模式

	单边控制模式	交互学习模式
谁领导，谁跟随	房间里只有一位团队领导，也就是团队正式领导。团队成员跟随其后	在座的诸位都是团队领导。在任何时间点上，任何团队成员都可出面领导，其他人跟随其后
谁对团队工作的结果担责	团队正式领导	每位团队成员
团队成员对谁担责	团队正式领导	每位团队成员
谁或什么决定有效团队行动的基石	团队正式领导	每位团队成员
团队结构与流程如何设计	与单边控制模式的核心价值观和假设保持一致	与交互学习模式的核心价值观和假设保持一致
决策如何做出	多种方式，但主要由单边控制模式驱动	多种方式，但主要由交互学习模式驱动

> 当整个团队采用交互学习模式的时候，这改变了团队领导方式的本质，从"房间里只有一位领导"转变为大家共担领导职责。

如果团队希望在讨论这个话题之前先了解这个话题的相关内容，你可以推荐他们阅读本书的相关章节或介绍高效团队的八种基本行为的文章（可登录 www.schwarzassociates.com 网站）。当然，你和团队可以共同设计其他方式来帮助大家深入了解交互学习模式。

在团队变革对话中，你可能想提供例子或要求提供例子，说明团队成员是如何造成绩效不佳或紧张工作关系的。如果团队从未举行过类似对话，大家可能还没有做好准备来面对这样的风险。所以，与他们共同谋划，看他们是否愿意展开这一对话。但即使团队愿意这么做，请先从你自己开始。示范新的假设——"我可能是问题的始作俑者"，你可以提供具体的例子来说明过往你是如何影响团队业绩或团队成员

关系的，你希望现在以及未来如何做出改变。听取大家的反馈。

不要重新回到单边控制模式，请为采用交互学习模式的团队创造一个安全的环境。你要虚怀若谷，准备接纳来自团队的任何反馈与看法。这一对话的关键在于就理解并尝试这一模式达成一致。

深挖

一旦团队理解了交互学习模式与单边控制模式及团队设计的重要性，他们应该讨论如何借助这些模型来审视团队。他们是如何看待团队现有的结果的？在多大程度上他们认为交互学习模式及单边控制模式影响了这些结果？理想的情况是，在对话结尾处，你和团队就改变的必要性达成一致，哪怕你们尚未决定是否采用交互学习模式。

询问团队成员在他们看来团队在这三块领域的表现如何：绩效、工作关系与个人幸福感。通过分享你的观点，你在心怀好奇上添加了保持透明度这一条。在这部分对话结束后，你和团队应就团队结果达成共识。如果大家认为当前结果与期望的结果之间存在差距，大家可以一起探讨问题的成因。

如果团队识别出结果没有达到预期，要求他们跟踪结果时回溯团队设计、团队行为及心智模式对于结果的影响。随后要求团队成员给出具体例子说明团队的行为与团队设计的要素是如何影响结果的。询问团队成员的心智模式是如何影响这些行为及当前团队设计的各个方面的。分析结束后，团队可编写一个因果故事，解释其心智模式是如何影响团队设计及行为并最终影响具体结果的。现在你激发了所有人的好奇心。询问他们，单边控制模式在多大程度上阻碍了团队绩效？如果他们认为影响很大，那么团队可转为讨论交互学习模式是如何提供坚实的基础并带来更好的行为与结果的。

在这之后，你可开始与大家一起识别团队结构、流程与情境要素对于糟糕结果的影响。例如，如果团队与组织中其他团队合作时遇到挑战，你可能发现团队的边界管理需要更加清晰。如果你的团队花费很长时间才能做出决策或在决策上不断反复，你可能发现解决问题的流程需要重新思考。当你思考潜在机会时，你可能发现团队的使命与愿景不是那么清晰。因为你的团队是一个系统，你可能在某个结果背后发现诸多原因。

你和团队可能发现团队成员使用单边控制模式时所表现出来的行为也是不一样的。某些人经常陈述观点却没有真诚发问，其他人则给出反问却没有陈述他们的观点。某些人习惯性地关注立场，另一些人则习惯于做出假设却没有与他人做出检验。

请记住，你的团队是一个系统，团队成员会对其他人的行为做出回应。由此带来的结果是你可能发现团队中存在这样的模式，在某个团队成员陈述观点而没有真诚发问后，其他团队成员会亦步亦趋，他们会越来越关注立场而不去分享相关信息，最终，这会造成防御增加以及决策质量下降。通过识别团队中的主要模式，你可以更好地理解每位团队成员是如何影响团队结果的。

团队可能需要花些时间来做好任务的准备工作。你可以要求他们反思团队设计、他们自身的行为与心智模式，并要求其他同事也这么做。如果他们不熟悉这类对话，他们可能希望自行思考这个话题并在随后的会议中展开讨论。与其单方面规划如何开展这一对话或拖延这一对话，还不如与团队共同规划讨论的合适时机。

共同规划

共同规划发生在两个节点：其一，当你和你的团队讨论并决定是否需要了解或尝试交互学习模式时；其二，当你们一起讨论是否需要交互学习模式以及如何使用这一模式时。

如何有效管理第一阶段？过往三十多年帮助高管团队了解并运用交互学习模式的经历告诉我，在起步阶段需要一定强度的学习，尝试如何由单边控制模式转为交互学习模式。这不是说交互学习模式难以理解。从理论的角度来说，做到这点这并不难。当我把介绍交互学习模式的文章递给我12岁的孩子诺亚阅读时，他的回应是："爸爸，其中的大部分内容看起来不过是常识而已。"难就难在如何将常识转化为日常行为，也就是坚持不懈地使用交互学习模式。启动这一学习与实验通常需要你和团队花费数日来发现你们是如何陷入僵局的，并学习如何转化为采用交互学习模式。一位熟悉交互学习模式的咨询顾问可协助你们。

如果大家理解了理论框架并同意采用新的心智模式，你们需要就团队所希望实现的具体结果达成一致，并与当前结果做比较。你们可以一同重新设计团队情境、结构与流程，看看需要做出哪些改变。你们还可以一同设计关键要素让分享反馈在团队中变得更安全并取得更明显的效果。你们还可以设计其他手段来支持每个人的进展。

目标

设定团队目标可以采用之前设定个人工作目标的方式：团队设定的交互学习模式目标应直接来自之前的对话结果，该对话讨论了团队需要达成的目标与当前绩效之间的差距。对于约翰·哈雷的高管团队而言，眼前的目标是就新的业务战略达成一致。为了做到这点，他们需要设定诸如真诚提问、检验假设、讨论不便讨论的话题等目标。这意味着大家需要培养更为浓厚的好奇心并且互相担责。

可考虑设定短期目标。这样团队可更快地判断他们在达成长期目标上的进展如何。除了设定整体业绩、工作关系及个人幸福感等目标，你们还需要为某次具体会议、某场对话或电子邮件交流及决策等设定目标。

你们还需要规划如何衡量目标所取得的进展。你考核什么，你得到的结果就会是什么，情况真的就是这样。衡量结果增加了目标达成的概率，因为这有助于大家把注意力放在如何达成目标上。一旦出现偏差，人们会采取纠偏行动。你可能已经采取了措施。这里并不需要什么眼花缭乱的工具。在杰伊团队的案例中，他们采取的措施比较简单。团队是否制定了实施策略？在另一个某副总裁领导的高管团队中，他们设定的一个目标是团队成员是否能从战略的角度思考如何解决业务问题而无须过于依赖这位领导。副总裁制定的一个简单衡量措施就是大家有多少次要求他出面提供问题的解决方案，而原本大家可以自行找到解决方案。

提供支持及其他安排

团队学习交互学习模式的好处之一就是，团队成员在建立心智模式与培养技能时，彼此可提供支持。通过互相反馈，团队成员可提升团队达成目标的速度。为了互相提供支持，团队成员需要知道彼此在交互学习模式上的优势与不足。这意味着团队需要在团队内部讨论这

点。这是共担领导职责的一部分。

团队成员还需要就何时有意识地采用这一模式达成一致。如果团队决定在团队会议中采用交互学习模式，那么在团队会议之外呢？如果是一对一会谈，团队成员需要采用这一模式吗？如果与其他团队开会呢？如果与组织中的其他人或与组织外的人士开会呢？你越愿意在不同的场景之中实践这一模式，你的技能提升越快，这些技能就能越快地与你融为一体。

在常规团队会议中设计交互学习模式存在多种方式：会议之前、会议之初、会议之中与会议结束后。会议之前，你们可共担规划会议议程的职责。团队成员可提议讨论事项并轮流担任会议主持，在设定议程中发挥主导作用。

会议之初，可先就会议目的与流程达成一致，再讨论会议议程的具体事项。请参考第五章中有关行为 7 的描述。另外，大家就如何在团队中使用交互学习模式共担职责。在某些高管团队中，虽然所有团队成员需要完整展现交互学习模式，但每位团队成员可负责跟踪某一核心价值观与行为的使用情况。如果看到某位团队成员没有使用那一核心价值观或行为，负责人可实施干预并帮助他展现这一行为。如果有人使用了核心价值观与行为且表现不错，负责人可给予积极反馈。在其他团队中，所有人负责完整使用交互学习模式，并就其他人在会议中的表现给出反馈。

会议之中，如果议程之外的某个重要话题出现了，你们或者抽出时间当场讨论或者安排时间以后讨论。使用交互学习模式的一个明显好处是团队成员能提出重要的话题，而之前大家认为这个话题不便讨论。由此带来的好处是，团队成员可更多了解了这一模式是如何发挥作用的，或者为何无法发挥作用，以及其是如何更好地促进目标达成的。在某个团队会议中，如果有人提出他发现团队成员彼此没有互相依赖的必要，这是一个非常重要的看法，因为组织的价值观提倡协作，而团队领导也认为团队成员是互相依赖的。如果团队没有采纳交互学习模式，大家或者没有提出这个话题，或者提出来，也会被持有不同看法的其他团队成员或团队领导打压下去。而在这个案例中，团队马上识别出所有人对于这个话题的看法，并同意在随后的会议之中安排更多的时间深入讨论这个话题。

会议结束后，请花上数分钟回顾一下大家运用交互学习模式的情况并讨论如何在下一次会议中采用不同的做法。回顾越具体，团队就越能运用所学。

明确决策规则

如果你认为团队需要采用交互学习模式但某些团队成员认为无此必要，你会怎么做？你是否决定暂不往前推进？你是否只会让看到交互学习模式价值的团队成员采用这一模式？或者你决定让整个团队采用这一模式？

不同组织的领导采用不同方式来应对该情境。某些领导会给出清晰的期望，认为交互学习模式是团队开展工作的方式，每个人都需要学习并使用这一模式。某团队领导期待组织中所有人学习并使用这一模式并将学习这一模式这作为聘用条件。在某些案例中，团队领导一旦发现直接下属不愿意或无法使用这一模式，则会将他们支走。在其

他案例中，团队领导决定在整个团队面前示范这一模式，看能否改变大家的看法。还有些领导会告知团队成员他们可以就是否采用这一模式做出知情的选择。他们要求团队作为一个整体学习这一模式，然后再决定这一模式是否值得在团队中推行。

组织发展部门的负责人告知高管，组织将帮助他们学习交互学习模式，因为这可以帮助他们更有效地实施领导，其中包括建立强有力的工作关系，在这方面组织曾接到不少投诉。当数位领导公开质疑为何组织花费重金却没有要求高管使用这一模式时，组织发展部门负责人给出了解释。她说，组织帮助高管学习交互学习模式的原因是看到了其中的价值。至于他们是采用这一模式还是另一种模式，这取决于个人。但无论是何种情况，组织希望每位高管不仅能为绩效担责，而且需要为打造并保持强有力的工作关系担责。

在所有这些决策方式背后你面对的是相同的挑战。你如何平衡团队成员做出知情的选择而你需要为团队绩效承担最终责任呢？这里没有唯一正确的答案。交互学习模式并不是说你必须让团队做出决策或由你出面做出决策，或者采用任何介于二者之间的方式。交互学习模式指的是无论你们采用的决策规则为何，是达成一致、通过投票还是由你做出决策，做出决策的流程需要采用交互学习模式的核心价值观、假设与行为。如果你采用交互学习模式，团队成员有可能认为这个流程是公平的，虽然他们未必赞同最终的决策。

当然，比较理想的情况是，你希望整个团队就是否学习或使用这一模式达成共识。为了达成共识，最好的方式是使用交互学习模式。对于团队当前的表现，团队成员是否有不同的看法？大家是否认为单边控制模式是团队所面临挑战的主要原因？交互学习模式是否能给团队带来更好的绩效？请心怀好奇。询问："你还有哪些需求无法通过这一模式得到满足？""是否还有什么信息让你对使用这一模式心存疑虑？"帮助团队成员识别出他们所采用的假设，而这些假设让他们认为这一模式无法奏效。方式之一是询问团队成员："你愿意学习并尝试这一模式的前提是什么？"针对他们的回答，请继续心怀好奇，并询问："这些条件会带来哪些改变？"如果可能的话，大家共同设计，找到可创造这些条件的方式。

对于团队是否学习并采用交互学习模式，无论你采用的决策方式为何，重要的是你要在流程之初就告诉他们。你可能会这么说："我希望团队做出决策时可达成一致，但是如果我们无法达成一致，我将保留做出决策的权力，当然我会解释做出决策的理由。"

如果你的计划是听完团队讨论之后自行做出决策，请告诉团队这点。如果你愿意采用投票的方式，也请告诉大家。

无论情况怎样，不要在一开始就告诉大家你已经决定团队需学习并采用交互学习模式。当然，如果那是你的看法，这么说可保持透明。但是，这意味着你将单方面表明立场并做出决策，却没有听取其他人的看法，因为你认为自己理解情境而他们没有，你又退回到单边控制模式中了。

▎成为变革的一部分

这里面临着两难的窘境：一方面你要和团队讨论他们取得的结果，另一方面你要和他们讨论单边控制模式是如何造成这些结果的。为了帮助团队成员接纳交互学习模式，他们需要讨论所采用的单边控制模

式是如何阻碍他们前进的脚步的。但是，有效的对话离不开交互学习模式，团队成员或你恐怕尚未掌握这一模式。换言之，开展这一对话是必要的，但是由于这一对话涉及重大利益，只有具备一定程度的交互学习模式技能，对话才能产生良好的结果。

解决这一两难窘境的方式是要求第三方帮助团队在会议中采用交互学习模式并指导团队开展有效对话。第三方可能是组织中使用交互学习模式的另一位领导，或者知道如何使用这一模式的内部咨询顾问，或者是某位来自组织外部的人士。

和团队讨论变革时，你们很容易坠入单边控制模式中。或者你仅告知团队你的想法是什么并试图说服他们接受你的想法，或者你给出引导性提问，希望他们能自行意识到他们其实采用的是单边控制模式，所以他们的确需要转化为采用交互学习模式。相反，请尝试另一种方式：介绍你希望看到的改变是怎样的，成为改变的一部分。对团队成员的看法心怀好奇，正如你对自己的看法充满热情一样。

好奇心与同理心并肩而行。当你丧失同理心时，你很容易失去好奇心。如果你感到恼怒或不耐烦，因为团队成员无法理解你的所作所为或他们的看法与你有别，那么你很容易丧失同理心。一旦你有这样的感觉，请提醒自己你和他们的视角是不一样的。当阅读本书时，你已经花费时间反思团队所能达成的结果及团队当前所取得的结果，并思考这一差距背后的缘由。可能有的时候你所读到的内容让你感到难以接受。你或许并不赞同某些看法。但是，当读到这里时，你可能对改变的可能性充满热情并急于开始变革之旅。你是按照自己的节奏走到了这步，请放慢脚步并开始思考，这时你需要更多时间。无论怎样，你已经独自一人开启旅程，所以团队还没有与你到达同一地点。

这一对话对于团队可能充满挑战，请对此抱有同理心。有些团队成员可能没有思考过团队所期望达成的结果与当前取得的结果之间存在的差距，或者他们曾经思考过，但是他们并不认为这一差距巨大。其他团队成员可能看到了差距但并不认为这值得付出努力。变革意味着担心。对于他们的担心心怀好奇与并保持同理心，你们可以更好地共同制订下一步计划。与此同时，请保持透明并担责，也让团队成员彼此担责。如果是你或团队成员造成了问题，说出来，请具体描述问题并邀请大家给出反馈。

> **这一对话对于团队可能充满挑战，请对此抱有同理心。**

他们的假设、透明度，好奇心，知情的选择，担责以及同理心拥有巨大的威力，可给你和团队注入能量并改变团队。那些起初看起来有些笨拙或让人担惊受怕的举措将变得自然并激励人心，这些方式是你和团队从未想象过的。结果是你和团队创造出更好的绩效，建立了更好的工作关系并拥有更高的幸福感。

撰写此文前，电子工业出版社的吴亚芬编辑告诉我，之前出版的《专业引导技巧实践指导》以及《专业引导技巧》的销售情况不错，对于如此小众的书籍能有这样的销量，出版社也感到颇为惊讶。这使我不禁想起另一个故事。去年在中欧新零售成长营分享时，当我介绍了"举出例子并就重要词汇的含义达成一致"这一规则后，一位来自棉购公司的学员举手分享了他们的案例。棉购公司发展势头不错，吸引了不少业内精英加入。但是，谁也没有想到一件不经意的小事影响了团队效能。由于大家之前供职于不同公司，各公司所用术语虽然相同，但其实内含略有差异，可谁都没有留意到这一点。当分歧一再出现后，大家感到奇怪，为何达成共识如此之难？细一深究才发现问题居然出现在这儿！这时，大家才如梦初醒，赶快采取纠偏行动！为此，棉购公司专门出版了一本字典供大家使用，这本字典对于常见的术语给出了官方定义并附上解释与说明，从而确保所有人对于术语的理解是一致的。这位学员感叹道，要是早一点知道团队有效性基本规则就好了！这样，许多无谓的争执以及由此引发的误解与猜疑全都可以避免。

课后，其他学员对于我分享的内容给予了不错的评价，笔记侠为此还刊发专文介绍了分享的内容。但是我内心非常清楚，这并不是我的分享多么出色，我至多不过是扮演了一个不错的"搬运工"而已！在我看来，这些基本规则之所以能引起大家的共鸣，那是因为罗杰·施瓦茨揭示了高效团队的互动规律。来自读者或学员的正面反馈无不一再验证了组织发展之父勒温的那句名言"没有什么比好的理论更能指导实践了"。

随着组织所面临的挑战越发复杂，组织需要更为有力的方法论帮助他们有效应对不断涌现出来的挑战。在出版社几乎没有做什么推广的情况下，仅凭口口相传，罗杰·施瓦茨的著作能得到越来越多组织和朋友的认同，这也再一次说明有效理论的威力。

回头来看，翻译罗杰·施瓦茨的著作对我而言，其实是一件非常幸运的事情，因为这给我提供了机会与大师直接对话，这不仅让我有机会悉心领悟大师思想的精髓所在，熟悉其理论框架建构的过程，而且可帮助我进一步深化对团队有效性这一话题的认知。在某种程度上，翻译大师的著作是切入某个领域最为有效的手段之一。

研究组织发展领域的作品不计其数，为何罗杰·施瓦茨的作品被奉为圭臬？其中的一个重要原因在于他既有坚实的理论框架，又可有效指导实践，其权威性与有效性已经为业内公认。他的著作不仅基于前辈大师的坚实研究成果，而且在此基础上将组织发展领域的边界推向更为辽阔的远方。如果大家有幸阅读过他为《专业引导技巧实践指导》所撰写的序言，就可以领略其思想的风采。这篇序言是应我的要求撰写的，在这篇序言中，他梳理了专业引导技巧的理论来源，这也是他第一次向世人系统介绍专业引导技巧的理论框架。翻译这篇序言时，我可以真切感受到他撰写这篇序言时的激情澎湃，也可以感受到这一话题让他经历过的万千沟壑。如果不是在这一领域浸淫几十年且深得其味，他是很难只用数千字就把这一复杂话题交代得如此清晰而又要言不烦的。如果稍加留意，读者不难留意到这篇序言所附上的数

十条索引，这是我第一次阅读序言时见到作者居然附上这么多脚注！

他在构建理论框架上的深厚功力让他在剖析问题时游刃有余，切中肯綮，但是，这也给译者们带来巨大挑战。正因为其构建的理论框架是以坚实的学术研究为基石的，所以翻译时，遇到的难题又岂止一二？坦率地说，第一次阅读其作品时，感到他讲述的内容颇为生涩，理解起来相当有挑战性（当然，与阿基里斯的著作相比，还是容易理解得多），许多概念如单边控制模式或交互学习模式等我当时是第一次听说，因陌生而衍生出的隔膜有时让我不免望而却步，生出畏难情绪。但是，他的文笔的确不错，逻辑也非常清晰，只要静心多读几遍，顺着他的思路，不难领悟其中的奥妙。翻译某些章节时，有时会情不自禁地为他在理论与实践之间自如穿行而击节叫好，这时我仿佛正在驾驭一辆马力充沛的赛车奔跑在视野无碍的高速路上，不把这一段翻译完，难以收手，那种飞流直下的酣畅淋漓之感在阅读其他人的著作时很少遇到。一旦把他的洞见与当下组织之中的种种现象联系起来，你会有恍然大悟之感。大师或把萦绕在我们心头百思不得其解的困惑一下子给捅破，让我们豁然开朗，或用浅显易懂的语言把复杂问题解释清楚，罗杰·施瓦茨恰好兼顾这两者。

翻译时，经常遇到他引导的实例，这是最让我纠结的地方之一。我经常假设，如果是我在现场，那么面对同样的场景，我该如何做出回应？而这一想法时常让我生出无力之感，因为做到这一点，对我而言，实在太难了！我惊诧于罗杰·施瓦茨和他同伴的智慧，他们居然能在不经意之间，从看似一切正常的团队对话之中识别出值得深入探讨的介入点，进而帮助团队提升有效性。如果不是翻译他的著作，我会认为这简直是不可思议的事情，因为那些对话在我看来是再正常不过了。无论是我或周围的常人，在这种场景之下，不都是这么说的吗？难道这也有问题？！其实，还真有问题，而且问题还不小！我们太习惯于想当然和自以为是，认定只有自己的动机纯洁，一旦对方的观点与我们有别，则认为对方没有能力看到我方观点的正确性，或是动机可疑。

如果不是因为翻译他的著作，我怎么会想到主动揭示自己的假设与推理过程是如此的重要？我也很难想象，沟通时，真诚发问原来有这么大的影响，可是扪心自问，在工作或生活之中，我们有过发问吗？有过真诚发问吗？多少次我们借助所谓指向明确的引导性提问诱使甚至强迫对方接受我们的观点，而丝毫没有意识到这一做法的错误与危害。相反，我们还扬扬自得，认为自己通过"技巧"又一次搞定了对方……正是通过翻译他的著作，我第一次对自己低效的心智模式有了觉知。我为自己对其他人所施加的单边控制模式感到汗颜，也为其他人对我施加的单边控制模式感到不满。可以说，在绝大部分组织之中，这一心智模式依然盛行，可认识到这一模式危害的人却寥寥无几。如果大家希望自己所在的组织更为高效，请大家考虑采用交互学习模式。感谢大师的指点，否则我们依然会在茫然无知中继续我们的无效行为。

另外，我不得不感谢罗杰·施瓦茨，虽然我觉得在真实的团队成员互动之中，在正常的语速之下，准确识别出介入点，这非常困难，但是，一个好的理论恰恰能帮助我更为有效地做到这一点。正因为翻译时需全身心地体会他的理论，这种强烈的带入感给我提供了难得的机会去反复咀嚼并消化其中的精髓。虽然翻译时，身边并无真实的团队环绕四周，但是，我仿若站在罗杰的身边，观摩他的引导过程，这

时，颇有身未至而心已在的感觉，这种身临其境的画面很好地锻炼了我的思维肌肉。当我在头脑里不断演练如何在真实的场景之中运用这些基本规则时，一旦面对真实的对话，我突然发现，那些貌似佶屈聱牙的原则如"检验假设与推论"或"推论阶梯"的概念一下子变得鲜活起来，我会情不自禁地说："能不能停一下，请解释一下你刚才这么说的理由是什么？"这种对假设或推理异乎寻常的敏感或许出于翻译时不断咀嚼罗杰著作的缘故吧！

如果一个领域希望有所作为，必须首先做到"根深"，然后才能做到"叶茂"，进而才能吸引游人无数，并通过他们构建出一个枝繁叶茂、生机勃勃的生态系统，而罗杰·施瓦茨恰好为引导这一领域贡献了坚实的理论框架。"没有行动就没有研究，没有研究就没有行动。"如果理论仅仅停留在窠臼之中，那只能成为沾满灰尘的经书而已。我喜欢罗杰著作的一个重要原因是其方法论对于实践有有效的指导作用。坦率地说，他在书中从未讨论过任何技巧，一旦你悉心体会交互学习模式这一理念的核心，一切将变成自然的呈现。在我看来，这八项基本规则不过是提供具体而有形的载体更好地帮助我们去践行交互学习模式而已。初看八项基本规则，觉得其貌不扬，毫无惊艳之处。第一次见到这些基本规则时，我在心中嘀咕，靠这么几条规则，就能提升团队互动的有效性？这还是历经数十年打磨出来的精华？！可是一旦尝试后，我马上体会到这八项基本规则的威力，耳闻目睹或亲身经历的例子一再从正面或反面验证了这八项基本规则的有效性。无论是以引导师这一中立者的身份出现在某场对话之中，还是以当事人的身份参与某场对话，我会发现，但凡对话出现阻塞之处，往往与当事人在对话之中违反其中的某条或数条规则有关。当我在对话之中有意识地通过提问来践行这些基本规则时，你会发现对话将变得非常高效。罗杰·施瓦茨的方法论仿若一瓶醇酒，需慢慢品味。我相信，许多读者如我一样，遇到问题时，会经常拿起他的著作细细品味，每一次阅读似有新的感悟，经典值得反复揣摩。

摆在团队尤其是高管团队面前的一项重要任务是做出决策并推动落实。我们时常怪罪团队执行力不够，但是，我们很少反思团队做出的决策是否靠谱。在团队中就某重要事项达成共识，这很不容易。其中的一个重要原因是我们每个人都是带着各自不同的心智模式来到讨论现场的，但是，我们很少有人注意到这一点。心智模式如同在电脑后台运行的操作系统，不出问题，谁会想到它？由于每个人的经验与阅历不同，每个人所持有的心智模式也各不相同。

另外，由于大家所处部门不同，各自关注的利益点自然也不相同，这些因素叠加在一切，导致大家对同一问题的看法出现分歧那是再正常不过的事情，麻烦在于我们在讨论之中往往忽略掉这些貌似显而易见的前提条件，而认定对方应该知道某条重要信息或假定对方也是这么看的。借助罗杰提供的思考框架，我在观察组织中的真实对话时，经常发现大家往往在不经意之间把讨论过快推进到解决方案上，因为大家从来没有想过需要在澄清这些前提条件上多花些时间。但是，现实的结果往往给我们响亮的一击，让我们知道这么做所带来的后果。我们越希望尽快达成共识，越需要在前期的厘清和界定阶段多花功夫。

神经科学的研究成果表明，我们每个人其实是用自己内嵌的心智模式来观察这个世界并以此为基础做出决策的，在某种程度上，真实或客观的世界其实并不存在。对话时，我们经常想当然地认为，既然大家同处一室，又是多年的同事，那么，大家理应熟悉彼此的看法或立场，因为这是不言自明的。真的是这么一回事吗？当我们用彼此内

嵌的心智模式互相交流时，我们并没有注意到彼此所持有的心智模式差异巨大，而且这一模式未必是真实世界的完整写照，其中必有盲点。这带来的必然后果是大家只会关注那些引起我们兴趣或与我们观点一致的信息，对于那些与我们立场有别或没有引起我们兴趣的信息则采取忽略不计的态度。

另外，别忘了，大脑思考时，喜欢走捷径，选择我们感到最舒服但未必最为有效的路径来评估到手的信息，这就是为何启发式（Heuristic）教学或教育大行其道的原因，但是这会使我们一再坠入诸如后见之明或证实者偏差的心理陷阱之中。主动亮出并浮现彼此的假设与推理过程并予以检验，公开呈现彼此持有的信息，这非常重要。只有浮现假设并交换信息，这时，假设和信息不再为一人私有，大家得以从客观的角度审视这些假设与信息。如果不加澄清，就冒然进入解决方案的讨论，其带来的后果势必是你我虽能达成共识，但这往往是基于不完整的信息的，或有时你不得不屈从于对方的权势，或者迫于时间压力而不得不表示赞同。无论是何种情境，这将给决策以及随后的实施带来巨大隐患。请大家放慢思考的脚步，重新浮现彼此的假设，认真界定讨论之中出现的重要概念，检核所有相关信息是否考虑在内，检核大家对于到手的信息的看法是否一致，询问彼此的推理过程，只有确保大家共享同一副画面，然后以此为出发点开启随后的讨论，这么做，达成真正共识的概率比较大。只有基于这样的共识所做出的决策大家才愿意做出承诺。一旦假设或用于决策的信息未经检核，那由此得出的结论无异于建立在流沙之上，稍有风吹草动，就会消失殆尽。可惜的是，在真实的讨论之中，很少有人意识到这一点。放慢思考的脚步，多花些时间用于澄清信息和假设，这是实践团队有效性基本规则给我带来的第一个启示。

　　践行团队有效性基本规则给我带来的第二个启示是让自己的世界观变得更为开放与包容。随着年纪以及阅历的增加，对于他人的不同见解或观点慢慢学会接纳，并逐渐学会反思自己在问题之中的责任。过去，一旦发现对方的想法与我有别，会习惯性地给对方贴上标签，把对方归于某一类，把自己归于另一类。标签一旦贴上，界限一旦划定，大家在交流之中自然会戴上有色眼镜，这势必减少彼此的学习机会。如果说，我之前习惯于用奇怪的眼光看待异见，那么，现在开始慢慢习惯于用好奇心看待不同看法。我越来越感到这个世界没有所谓终极的真理，无论是何种观点或看法，都有助于我们更好地认识这个世界。如同物种丰富的原始森林，既要有高大的乔木，也要有伏地的苔藓、地衣植物。只有确保观点的多样化、差异化，世界才能变得如此丰富多彩。保持多样化、坚持开放的世界才具有无穷的活力。另外，无论在工作之中或在生活之中，一旦出现不顺，我们习惯于把矛头指向他人，迁怒于他人。怪罪于外人，这是人性使然。但是反省自己在其中的责任，努力让自己对自身乃至他人的看法变得更为丰富与立体，这也是构建更为全面的世界观的一部分。正是借助翻译罗杰·施瓦茨的著作并不断践行，我觉察到自己原有世界观中的缺失与不足。学然后知不足。

　　在此首先感谢关苏哲先生。感谢他为我创造的机会，给我提供机会去分享并践行罗杰·施瓦茨的方法论。他和我都认为，打造高效团队对于组织意义重大。

　　感谢车享网 CEO 夏军先生。听过我的分享之后，他建议书名不妨采用"高效团队"的表达方式。他的建议让我顿感眼前一亮，不禁暗暗叫好。夏总的建议不仅抓住了本质，而且让书名读起来朗朗上口。

感谢电子工业出版社吴亚芬编辑。正是她促成我动手翻译此书并在翻译的过程之中，给出许多不错的建议。不仅如此，她在出书过程之中的许多行政事务上提供了许多帮助，这对于本书的顺利面市也非常重要。

在此感谢任伟先生，他热心快肠，为此书的出版出谋划策并主动对接相关人士撰写推荐语。他对于此书的喜爱让我非常感动。

在此非常感谢为本书撰写推荐语的陈颖坚先生、朱小斌先生、张国峰先生、陈玮先生、戴青女士和陈威如先生。

感谢伍麒名、陈晖、郑炯先生为首的引导扎堆群的所有朋友。为了推广引导，该群自成立以来，组织了许多很有价值的活动并出版了案例集。谁都知道，无论是组织活动还是出版案例集，都需要耗费大量的时间和精力，能坚持下来，这颇为不易。我有幸在扎堆群组织的活动中分享了罗杰·施瓦茨的思想并与大家进行了交流。感谢各位朋友为书名的中文译名献计献策。

感谢我的家人，他们不仅包容了我成长过程中之中的起伏，而且如同一面镜子，让我更好地看到了自己。我需要向罗杰学习，不仅在公众场合尝试交互学习模式，而且应该在家中尝试交互学习模式。坦率地说，做到这一点非常不容易。曾有人问我，在践行基本规则上我做得如何？我的回答是，以引导师身份出现时，基本上还能做到心怀好奇，保持透明，哪怕是现场出现火花。但是如果自己以当事人身份参与讨论，一旦遇到激烈的争执，我依然会很快坠入单边控制模式中。不过，罗杰·施瓦茨指出，在他观察的 3 000 多个案例之中，能在这种场合下依然恪守交互学习模式的不超过 2%。或许，我可以以此为借口对自己也表现出一点同理心吧！

感谢江茜、吴春晖、刘剑、许菊英、吴冬晖参与了本书的翻译。

最后，也非常感谢各位读者的厚爱。我也非常欢迎各位读者与我分享读书或实践心得，您可以发邮件到 franklin_liubin@qq.com 或通过 franklin_liubin 添加我的微信，期待与您交流。希望借助大家的力量，不仅让罗杰·施瓦茨的思想更好地帮助中国的组织发展，更希望借助所有人的共同努力诞生源自中国的组织发展理论并为世界所用。

刘滨

2019 年秋

本书翻译由新关点提供专业支持

感谢中国工信出版集团电子工业出版社在引入罗杰·施瓦茨的《专业引导技巧实践指导》这本引导领域里程碑之作后，又和新关点达成战略合作，以帮助国内企业家提升团队有效性为目的，将罗杰的这本《聪明领导，高效团队》一书首次引入国内，罗杰在此书中提炼了组织发展领域多位大师的理论，并提供了付诸实践的方法，罗杰·施瓦茨睿智地指出领导者只有改变他们的心智模式，才能在企业里塑造正确的行为，而正确的行为最终提升团队绩效。

新关点简介

新关点的使命是引导CEO和高管优化其商业成果和加速个人成长，通过引导教练方式，和CEO、高管进行高强度和高质量的深度对话，一起探讨其在成长过程中面临的重大挑战，成为其担责伙伴。一方面，协助CEO和高管重塑个人和团队心智模式，突破认知盲区和反思，成为教练型赋能领导者，打造高效团队；另一方面，帮助CEO和高管团队提升系統思维全局观决策能力，更好地领导业务，进而取得理想绩效。

新关点产品服务

学习，"学"只是手段，"习"才是目的。王阳明曾说："知而不行，只是未知。"新关点不仅传播知识，更关注客户成长和改变，通过教练引导方式而非传统授课方式，聚焦提升CEO和高管团队全局观决策能力和重塑心智模式，协助CEO和高管通过实践练习，把知识转化为技能，从知道到做到，从学习升级为成长，进而提升绩效。目前开展以下业务。

CEO 研修会

来自不同行业的多个CEO定期聚会，扩展视野，突破认知盲区，通过聆听和提问，发现和界定问题，在保持创始人精神的同时，成为教练型赋能领导者。研修会每年组织CEO和家人一起参加促进身心平衡的旅行活动，让CEO在事业、身体、心智、精神同时成为一个完整的人。

团队公开课

新关点和伙伴共同研发了"领导自己、领导团队和领导业务"3个领域主题公开课，主要包括：创始人精神、共创和担责教练式领导力、提升团队有效性、卓越团队教练、问题处理6步法、决策管理IOGSMT、业务复盘引导、用提问激发团队高绩效等。教学设计针对学员实际工作常见的痛点，获得了企业负责人和高管团队的口碑认可和推荐。

企业高管圆桌会（高圆会）

由专业企业教练引导，定期和企业高管团队开圆桌会议，以重塑团队心智模式和提升高管决策能力为目的，围绕重大业务挑战或团队

问题，通过信息分享促进相互理解，集思广益做出高质量决策，并在会议过程中相互支持，最后相互自我承诺和为后续行动担责。

高管圆桌会结合主题工作坊、企业高管1对1教练对话、行动学习等形式，帮助团队心智和行为改变，在解决业务难题的同时，达到个人能力和组织发展同步提升，进而提升绩效。

线上课程

目前已经推出的针对企业管理层的知识付费产品包括以下产品。

（1）视频课程"关苏哲·用提问激发团队高绩效"30讲

提问能力是赋能型领导者必须具备的核心领导力，但此能力目前还未被管理者充分利用，此课程可弥补市场空白。赋能型领导者和亲力亲为管理者的主要区别在于：前者善于提出问题，而后者则聚焦于给予答案。提问驱动团队思考，答案制约下属成长，此课程帮助企业管理者提升领导力、破解工作难题、科学决策、改善团队关系、激发产品和服务创新。

（2）音频课程"关苏哲·高效管理者必备技能"

课程分为决策管理、管理者的心智进化、高绩效团队塑造、企业差异化竞争策略4季产品，课程目前针对第一版升级迭代中。

企业引导教练认证培训

新关点搭建支持中心平台，针对希望成为企业内部和外部的引导教练提供专业的系列认证培训课程。外部引导教练经过认证成为新关点CEO研修会和企业高管圆桌会引导教练，团队公开课导师或助教。

企业内部引导教练角色则为企业内部培训或人才发展负责人定制，使其在企业内部自行实施高管圆桌会或相关重大业务研讨会。

更多资讯，请关注公众号"新关点"。

新关点微信公众号

扫描二维码了解产品服务详情，可试听在线课程。

新关点产品服务概览

咨询及相关合作联系：021-55131880，13381837105（微信同手机号），小新，邮箱：creativiewbd@link2e.com

微信客服

反侵权盗版声明

　　电子工业出版社依法对本作品享有专有出版权。任何未经权利人书面许可，复制、销售或通过信息网络传播本作品的行为；歪曲、篡改、剽窃本作品的行为，均违反《中华人民共和国著作权法》，其行为人应承担相应的民事责任和行政责任，构成犯罪的，将被依法追究刑事责任。

　　为了维护市场秩序，保护权利人的合法权益，我社将依法查处和打击侵权盗版的单位和个人。欢迎社会各界人士积极举报侵权盗版行为，本社将奖励举报有功人员，并保证举报人的信息不被泄露。

举报电话：（010）88254396；（010）88258888

传　　真：（010）88254397

E-mail：　dbqq@phei.com.cn

通信地址：北京市万寿路 173 信箱
　　　　　电子工业出版社总编办公室

邮　　编：100036